Joseph Wood

Ediscenda

Passages for Repetition arranged for the classical Forms in Public Schools

Joseph Wood

Ediscenda
Passages for Repetition arranged for the classical Forms in Public Schools

ISBN/EAN: 9783337176105

Printed in Europe, USA, Canada, Australia, Japan

Cover: Foto ©ninafisch / pixelio.de

More available books at **www.hansebooks.com**

JUNIOR STUDENTS' CLASSICAL SERIES.

Junior Student's First Latin Translation Book.
By A. H. THOMAS, M.A.

Loculi. A Junior Latin Reading-Book.
By F. D. MORICE. 2*s.* net.

First Exercises in Latin Prose.
By E. D. MANSFIELD. 2*s.* 6*d.* net.
A Master's Key. 5*s.* net.

Edited, with Maps, Plans, Exercises for Retranslation, Notes, and Vocabularies.

May also be had without Vocabularies.

Caesar—The Gallic War.
Books I., II., III., IV., V., and VI. 1*s.* 6*d.* each net.

Selections from Cicero. In Two Parts.
Part I. Selections from the whole of Cicero's Works
Part II. Selections from Cicero's Orations.
1*s.* 6*d.* each net.

Eutropius. Books I.—VI. (with omissions), 2*s.* net.

Easy Selections from Livy. 2*s.* net.

Selections from Ovid. 2*s.* net.
A Master's Key. 2*s.* net.

Cornelius Nepos. (Select Lives.) 2*s.* net.

Xenophon's Anabasis. Book I. 2*s.* net.

The Gospels in Greek.
With Introduction, a Summary of Our Lord's Life, Notes, Vocabulary, and Map.
General Editor, the Rev. EDWARD MILLER, M.A., formerly Fellow and Tutor of New College, Oxford.

THE GOSPEL ACCORDING TO ST. MATTHEW.
THE GOSPEL ACCORDING TO ST. LUKE.

Edited by H. R. HEATLEY. Each 2*s.* net.
Each Gospel may be had, Text and Notes, 1*s.* 6*d.* net;
or Text only, 1*s.* net.

LONDON: RIVINGTON, PERCIVAL & CO.

New Edition. 8vo. 1s.

Outlines of Latin Sentence Construction. On a Card. By E. D. MANSFIELD, M.A., Lambrook, Bracknell.

Crown 8vo. 7s. 6d.

Etyma Latina. An Etymological Lexicon of Classical Latin. By EDWARD ROSS WHARTON, M.A., Fellow and Lecturer of Jesus College, Oxford.

Crown 8vo. 2s.

Translations into Greek and Latin Verse. By C. H. RUSSELL, M.A., Assistant Master at Clifton College.

Crown 8vo.

Latin Verse Composition for the use of Middle and Upper Forms of Schools. Consisting of Introductory Hints on Prosody, Idiom, Style, etc., and 100 annotated passages of English Verse, for translation into Latin Elegiac Verse. By the Rev. F. D. MORICE, M.A.

A Master's Key. 5s. net.

Second Edition. Crown 8vo. 2s.

Selection of Latin Verse. For use in Lower Forms as a Later Reading Book. By S. W. S. CAREY, B.A., Assistant Master in Uppingham School.

Crown 8vo.

Primary Latin Exercises. Adapted to the New Public Schools Latin Primer. By E. P. ROOPER, M.A., and FRANCIS HERRING, M.A., Assistant Masters at Blundell's School, Tiverton.

Crown 8vo.

Advanced Manual of Latin Prose Composition. Containing Syntax of the Compound Sentence and Notes on Style, with 300 pieces for Latin Prose in three parts of graduated difficulty. By B. D. TURNER, M.A., formerly Assistant Master at Marlborough College.

LONDON : RIVINGTON, PERCIVAL & CO.

EDISCENDA

EDISCENDA

PASSAGES FOR REPETITION

ARRANGED

FOR THE CLASSICAL FORMS

IN PUBLIC SCHOOLS

BY

JOSEPH WOOD, D.D.

HEADMASTER OF TONBRIDGE SCHOOL

London

RIVINGTON, PERCIVAL AND CO.

1893

PREFACE

THIS little book has been compiled mainly for the use of my own boys. It is convenient to have the pieces, which they must learn by heart, collected in one volume, and so arranged that each form may find such passages as are suited for boys of their age.

I believe very strongly in 'Repetition.' But in practice a great part of the labour expended by boys upon it is wasted. A form is set to learn a few pages, the first few pages, of the prose author which they may happen to be reading, or a few hundred lines of a poet. There is no continuity and no reasonable method of selection.

The following passages have been chosen for the beauty of their thought as well as for the beauty of their style. I venture to think that a boy who, during the happy years of school, stores in his memory these fragments of ancient song, and of old politics and philosophy, which, though old, are ever new and ever true, will make the better man. The echo of such music—*prosequetur in Senectutem.*

JOSEPH WOOD.

SCHOOL HOUSE, TONBRIDGE.

Note.—The names of the Classical Forms vary in different schools. It may, however, be some guide to teachers if I state that, for my own purposes, I contemplated some such division of the book as this:

LOWER FOURTH	Part I.	Nos.	1—6
MIDDLE FOURTH	,, II.	,,	7—12
UPPER FOURTH	,, III.	,,	13—29
LOWER FIFTH	,, IV.	,,	30—48
MIDDLE FIFTH	,, V.	,,	49—61
UPPER FIFTH	,, VI.	,,	62—78
LOWER SIXTH	,, VII.	,,	79—113
UPPER SIXTH	,, VIII.	,,	114—133

CONTENTS

PART I.
			PAGE
1. OVID, Amores, iii. 6,	.	.	1
2. OVID, Fasti, ii. 83-118,	.	.	5
3. OVID, Tristia, i. 3,	.	.	7
4. OVID, Tristia, iv. 10,	.	.	11
5. OVID, Amores, iii. 9,	.	.	17
6. OVID, Tristia, iii. 7,	.	.	19

PART II.
7. OVID, Amores, i. 15,	.	.	22
8. OVID, Heroides, v.,	.	.	24
9. OVID, Amores, ii. 6,	.	.	29
10. OVID, Tristia, iv. 1,	.	.	32
11. OVID, Ex Ponto, i. 4, 1-22, 47-58,	.	.	36
12. OVID, Ex Ponto, iv. 3,	.	.	38

PART III.
| 13. HORACE, Odes, i. 1, | . | . | 41 |
| 14. HORACE, Odes, i. 24, | . | . | 43 |

CONTENTS

	PAGE
15. HORACE, Odes, i. 31,	44
16. HORACE, Odes, i. 35,	45
17. HORACE, Odes, i. 37,	47
18. HORACE, Odes, ii. 1,	49
19. HORACE, Odes, ii. 2,	51
20. HORACE, Odes, ii. 3,	52
21. HORACE, Odes, ii. 6,	54
22. HORACE, Odes, ii. 7,	55
23. HORACE, Odes, ii. 9,	57
24. HORACE, Odes, ii. 10,	58
25. HORACE, Odes, ii. 14,	59
26. HORACE, Odes, ii. 15,	61
27. HORACE, Odes, ii. 16,	62
28. HORACE, Odes, ii. 17,	64
29. HORACE, Odes, ii. 18,	66

PART IV.

30. HORACE, Odes, iii. 1,	69
31. HORACE, Odes, iii. 2,	72
32. HORACE, Odes, iii. 3,	74
33. HORACE, Odes, iii. 4,	77
34. HORACE, Odes, iii. 5,	81
35. HORACE, Odes, iii. 6,	84
36. HORACE, Odes, iii. 7,	86
37. HORACE, Odes, iii. 8,	88

CONTENTS

		PAGE
38. HORACE, Odes, iii. 9,	. . . .	89
39. HORACE, Odes, iii. 16,	. . . .	91
40. HORACE, Odes, iii. 21,	. .	93
41. HORACE, Odes, iii. 23,		95
42. HORACE, Odes, iii. 24,	.	96
43. HORACE, Odes, iii. 29,	.	99
44. HORACE, Odes, iii. 30,	.	102
45. HORACE, Odes, iv. 3,	.	103
46. HORACE, Odes, iv. 4,	.	105
47. HORACE, Odes, iv. 5,	.	108
48. HORACE, Odes, iv. 7,	.	110

PART V.

49. CICERO, Tusculans, i. 29-31,	. .	113
50. TACITUS, Agricola, 46,	. .	116
51. CICERO, Pro Archiâ, §§ 12-14,	. .	117
52. TERENCE, Heaut., Act i. Scene i.,	.	119
53. LIVY, xxi. 29-30,	. . .	121
54. EURIPIDES, Iph. Aulid., 1211-1246,	.	124
55. EURIPIDES, Supplic., 429-449,	.	125
56. EURIPIDES, Medea, 364-408,	.	126
57. EURIPIDES, Medea, 1019-1080,	.	129
58. EURIPIDES, Medea, 824-850,		131
59. EURIPIDES, Phoenissae, 531-557,	. .	132
60. PROPERTIUS, Elegy, iii. 20,	. .	134
61. TIBULLUS, Book ii. 6,	. . .	135

PART VI.

	PAGE
62. VERGIL, Eclogues, v. 20-40,	137
63. VERGIL, Eclogues, x.,	138
64. VERGIL, Georgics, i. 121-146,	141
65. VERGIL, Georgics, i. 461-514,	143
66. VERGIL, Georgics, ii. 136-176,	146
67. VERGIL, Georgics, ii. 458-540,	148
68. VERGIL, Georgics, iii. 219-241,	152
69. VERGIL, Georgics, iii. 515-530,	153
70. VERGIL, Georgics, iv. 116-148,	154
71. VERGIL, Georgics, iv. 450-529,	156
72. VERGIL, Æneid, iv. 362-392,	160
73. VERGIL, Æneid, iv. 450-468,	162
74. VERGIL, Æneid, vi. 295-330,	163
75. VERGIL, Æneid, vi. 426-474,	165
76. VERGIL, Æneid, vi. 548-627,	167
77. VERGIL, Æneid, vi. 637-665,	171
78. VERGIL, Æneid, viii. 617-731,	172

PART VII.

79. SOPHOCLES, Ajax, 430-480,	178
80. SOPHOCLES, Ajax, 485-524,	181
81. SOPHOCLES, Ajax, 545-582,	183

CONTENTS

	PAGE
82. SOPHOCLES, Ajax, 646-692,	185
83. SOPHOCLES, Ajax, 815-838, 843-865,	188
84. SOPHOCLES, Ajax, 992-1039,	190
85. SOPHOCLES, Ajax, 1047-1090,	193
86. SOPHOCLES, Ajax, 1093-1117,	195
87. SOPHOCLES, Ajax, 1226-1263,	197
88. SOPHOCLES, Ajax, 1266-1315,	199
89. SOPHOCLES, Philoctetes, 254-316,	202
90. SOPHOCLES, Philoctetes, 468-506,	205
91. LIVY, iv. 3,	207
92. LIVY, iv. 3,	209
93. LIVY, iv. 3,	210
94. LIVY, iv. 3,	211
95. LIVY, iv. 4,	212
96. LIVY, iv. 4,	213
97. LIVY, iv. 4,	214
98. LIVY, iv. 5,	215
99. LIVY, iv. 5,	216
100. LIVY, v. 2,	217
101. LIVY, v. 2,	218
102. LIVY, v. 2,	220
103. LIVY, v. 2,	220
104. LIVY, v. 3,	221
105. LIVY, v. 3,	222
106. LIVY, v. 4,	223
107. LIVY, v. 4,	225

CONTENTS

		PAGE
108. LIVY, v. 4-5,	. . . . .	226
109. LIVY, v. 5,	. . . . .	227
110. LIVY, v. 5,	. . . . .	228
111. LIVY, v. 6,	. . . .	229
112. LIVY, v. 6,	. . . . .	231
113. LIVY, v. 6,	. . . . .	232

PART VIII.

		PAGE
114. THUCYDIDES, i. 66-67,	. . .	234
115. THUCYDIDES, i. 68,	. . .	236
116. THUCYDIDES, i. 69,	. . .	237
117. THUCYDIDES, i. 70,	. . .	239
118. THUCYDIDES, i. 71,	. .	241
119. THUCYDIDES, i. 72,	. .	243
120. THUCYDIDES, i. 73-74,	. .	244
121. THUCYDIDES, i. 75,	. .	247
122. THUCYDIDES, i. 76,	.	248
123. THUCYDIDES, i. 77,	.	250
124. THUCYDIDES, i. 78,	.	251
125. THUCYDIDES, iii. 20,		252
126. THUCYDIDES, iii. 21,	.	254
127. THUCYDIDES, iii. 22-24,	. .	255
128. THUCYDIDES, ii. 53,	. . . .	259
129. HERODOTUS, iii. 80,	. . . .	260

CONTENTS

xiii

	PAGE
130. HERODOTUS, iii. 81,	262
131. HERODOTUS, iii. 82,	263
132. PLATO, Gorgias, ch. 72 to end,	265
133. DEMOSTHENES, De Corona, 199-205,	274

PART I

(1)

A swollen river bars the lover's path. Rivers should pity Love, and aid him, for Rivers, too, have loved.

AMNIS, arundinibus limosas obsite ripas,
    Ad dominam propero; siste parumper aquas:
Nec tibi sunt pontes, nec quae sine remigis ictu
    Concava trajecto cymba rudente vehat.
Parvus eras, memini; nec te transire refugi;   5
    Summaque vix talos contigit unda meos.
Nunc ruis opposito nivibus de monte solutis,
    Et turpi crassas gurgite volvis aquas.
Quid properasse juvat? quid parca dedisse quieti
    Tempora? quid nocti conseruisse diem?   10
Si tamen hic standum; si non datur artibus ullis
    Ulterior nostro ripa premenda pedi?
Nunc ego, quas habuit pinnas Danaeïus heros,
    Terribili densum cum tulit angue caput;

15　Nunc opto currum, de quo Cerealia primum
　　　Semina venerunt in rude missa solum.
　　Prodigiosa loquor veterum mendacia vatum.
　　　Nec tulit haec, nec fert, nec feret ulla dies.
　　Tu potius, ripis effuse capacibus amnis,
20　　Sic aeternus eas, labere fine tuo!
　　Non eris invidiae, torrens, mihi crede, ferendae,
　　　Si dicar per te forte retentus amans.
　　Flumina deberent juvenes in amore juvare:
　　　Flumina senserunt ipsa, quid esset amor.
25　Inachus in Melie Bithynide pallidus isse
　　　Dicitur et gelidis incaluisse vadis.
　　Nondum Troja fuit lustris obsessa duobus,
　　　Cum rapuit vultus, Xanthe, Neaera tuos.
　　Quid? non Alpheon diversis currere terris
30　　Virginis Arcadiae certus adegit amor?
　　Te quoque promissam Xantho, Penee, Creusam
　　　Phthiotum terris occuluisse ferunt.
　　Quid referam Asopon? quem cepit Martia Thebe,
　　　Natarum Thebe quinque futura parens?
35　Cornua si tua nunc ubi sint, Acheloë, requiram;
　　　Herculis irata fracta querere manu.
　　Nec tanti Calydon, nec tota Aetolia tanti;
　　　Una tamen tanti Deïanira fuit.
　　Ille fluens dives septena per ostia Nilus,
40　　Qui patriam tantae tam bene celat aquae,

Fertur in Evadne collectam Asopide flammam
    Vincere gurgitibus non potuisse suis.
Siccus ut amplecti Salmonida posset Enipeus,
    Cedere jussit aquam: jussa recessit aqua.
Nec te praetereo, qui per cava saxa volutans   45
    Tiburis Argei spumifer arva rigas.
Ilia cui placuit, quamvis erat horrida cultu,
    Ungue notata comas, ungue notata genas.
Illa, gemens patruique nefas, delictaque Martis,
    Errabat nudo per loca sola pede.   50
Hanc amnis rapidis animosus vidit ab undis,
    Raucaque de mediis sustulit ora vadis:
Atque ita, 'Quid nostras,' inquit, 'teris anxia ripas,
    Ilia, ab Idaeo Laomedonte genus?
Quo cultus abiere tui? quid sola vagaris?   55
    Vitta nec evinctas impedit alba comas?
Quid fles, et madidos lacrimis corrumpis ocellos,
    Pectoraque insana plangis aperta manu?
Ille habet et silices et vivum in pectore ferrum,
    Qui tenero lacrimas lentus in ore videt.   60
Ilia, pone metus; tibi regia nostra patebit;
    Teque colent amnes: Ilia, pone metus.
Tu centum aut plures inter dominabere nymphas:
    Nam centum aut plures flumina nostra tenent.
Ne me sperne, precor, tantum, Trojana propago: 65
    Munera promissis uberiora feres.'

Dixerat. Illa oculos in humum dejecta modestos
  Spargebat tepidos flebilis imbre sinus.
Ter molita fugam, ter ad altas restitit undas,
70 Currendi vires eripiente metu.
Sera tamen scindens inimico pollice crinem,
  Edidit indignos ore tremente sonos:
O utinam mea lecta forent, patrioque sepulchro
  Condita, dum poterant virginis ossa legi!
75 Hactenus, et vestem tumidis praetendit ocellis;
  Atque ita se in rapidas perdita misit aquas.
Dum loquor, increvit latis spatiosius undis,
  Nec capit admissas alveus altus aquas.
Quid mecum, furiose, tibi? quid mutua differs
80 Gaudia? quid coeptum, rustice, rumpis iter?
Quid, si legitimum flueres, si nobile flumen?
  Si tibi per terras maxima fama foret?
Nomen habes nullum, rivis collecte caducis,
  Nec tibi sunt fontes, nec tibi certa domus.
85 Fontis habes instar pluviamque nivesque solutas,
  Quas tibi divitias pigra ministrat hiems.
Aut lutulentus agis brumali tempore cursus,
  Aut premis arentem pulverulentus humum.
Quis te tum potuit sitiens haurire viator?
90 Quis grata dixit voce, perennis eas?
Damnosus pecori curris, damnosior agris.
  Forsitan haec alios, me mea damna movent.

Huic ego, vae, demens! narrabam fluminum amores?
    Jactasse indigno nomina tanta pudet.
Nescio quid spectans Acheloon et Inachon amnes   95
    Et potui nomen, Nile, referre tuum.
At tibi pro meritis opto, non candide torrens,
    Sint rapidi soles, siccaque semper hiems.

                      OVID, *Amores*, iii. 6.

(2)

Arion and the Dolphin.

QUOD mare non novit, quae nescit Ariona tellus?
    Carmine currentes ille tenebat aquas.
Saepe, sequens agnam, lupus est hac voce retentus;
    Saepe avidum fugiens restitit agna lupum:
Saepe canes leporesque umbra cubuere sub una,   5
    Et stetit in saxo proxima cerva leae:
Et sine lite loquax cum Palladis alite cornix
    Sedit: et accipitri juncta columba fuit.
Cynthia saepe tuis fertur, vocalis Arion,
    Tamquam fraternis obstupuisse modis.   10
Nomen Arionium Siculas impleverat urbes,
    Captaque erat lyricis Ausonis ora sonis.
Inde domum repetens puppim conscendit Arion,
    Atque ita quaesitas arte ferebat opes.

15 Forsitan, infelix, ventos undamque timebas;
       At tibi nave tua tutius aequor erat.
    Namque gubernator destricto constitit ense,
       Ceteraque armata conscia turba manu.
    Quid tibi cum gladio? dubiam rege, navita, pinum.
20   Non sunt haec digitis arma tenenda tuis.
    Ille metu vacuus, Mortem non deprecor, inquit;
       Sed liceat sumpta pauca referre lyra.
    Dant veniam, ridentque moram. Capit ille coronam;
       Quae possit crines, Phoebe, decere tuos.
25 Induerat Tyrio bis tinctam murice pallam:
       Reddidit icta suos pollice chorda sonos.
    Flebilibus veluti numeris canentia dura
       Trajectus penna tempora cantat olor.
    Protinus in medias ornatus desilit undas.
30   Spargitur impulsa caerula puppis aqua.
    Inde fide majus tergo delphina recurvo
       Se memorant oneri supposuisse novo.
    Ille sedens citharamque tenet, pretiumque vehendi
       Cantat, et aequoreas carmine mulcet aquas.
35 Di pia facta vident. Astris delphina recepit
       Jupiter, et stellas jussit habere novem.

       OVID, *Fasti*, ii. 83-118.

(3)

The poet is condemned to exile.

Cum subit illius tristissima noctis imago,
   Quae mihi supremum tempus in Urbe fuit:
Cum repeto noctem, qua tot mihi cara reliqui,
   Labitur ex oculis nunc quoque gutta meis.
Jam prope lux aderat, qua me discedere Caesar   5
   Finibus extremae jusserat Ausoniae.
Nec mens, nec spatium fuerant satis apta paranti:
   Torpuerant longa pectora nostra mora.
Non mihi servorum, comitis non cura legendi,
   Non aptae profugo vestis opisve fuit.   10
Non aliter stupui, quam qui Jovis ignibus ictus
   Vivit, et est vitae nescius ipse suae.
Ut tamen hanc animo nubem dolor ipse removit,
   Et tandem sensus convaluere mei;
Alloquor extremum maestos abiturus amicos,   15
   Qui modo de multis unus et alter erant.
Uxor amans flentem flens acrius ipsa tenebat,
   Imbre per indignas usque cadente genas.
Nata procul Libycis aberat diversa sub oris,
   Nec poterat fati certior esse mei.   20

Quodcumque aspiceres, luctus gemitusque sonabant:
  Formaque non taciti funeris intus erat.
Femina, virque, meo pueri quoque funere maerent;
  Inque domo lacrimas angulus omnis habet.
25 Si licet exemplis in parvo grandibus uti;
  Haec facies Trojae, cum caperetur, erat.
Jamque quiescebant voces hominumque canumque:
  Lunaque nocturnos alta regebat equos.
Hanc ego suspiciens, et ab hac Capitolia cernens,
30   Quae nostro frustra juncta fuere Lari;
Numina vicinis habitantia sedibus, inquam,
  Jamque oculis numquam templa videnda meis;
Dique relinquendi, quos urbs habet alta Quirini;
  Este salutati tempus in omne mihi.
35 Et quamquam sero clipeum post vulnera sumo;
  Attamen hanc odiis exonerate fugam;
Caelestique viro, quis me deceperit error,
  Dicite; pro culpa ne scelus esse putet:
Ut, quod vos scitis, poenae quoque sentiat auctor.
40   Placato possum non miser esse deo.
Hac prece adoravi superos ego: pluribus uxor:
  Singultu medios praepediente sonos.
Illa etiam ante Lares passis prostrata capillis
  Contigit extinctos ore tremente focos:
45 Multaque in aversos effudit verba Penates
  Pro deplorato non valitura viro.

Jamque morae spatium nox praecipitata negabat,
   Versaque ab axe suo Parrhasis Arctos erat.
Quid facerem? blando patriae retinebar amore:
   Ultima sed jussae nox erat illa fugae.   50
Ah quoties aliquo dixi properante, Quid urges?
   Vel quo festines ire, vel unde, vide.
Ah quoties certam me sum mentitus habere
   Horam, propositae quae foret apta viae.
Ter limen tetigi; ter sum revocatus: et ipse   55
   Indulgens animo pes mihi tardus erat.
Saepe, Vale dicto, rursus sum multa locutus;
   Et quasi discedens oscula summa dedi.
Saepe eadem mandata dedi, meque ipse fefelli,
   Respiciens oculis pignora cara meis.   60
Denique, Quid propero? Scythia est, quo mittimur, inquam:
   Roma relinquenda est: utraque justa mora.
Uxor in aeternum vivo mihi viva negatur,
   Et domus et fidae dulcia membra domus;
Quosque ego fraterno dilexi more sodales;   65
   O mihi Thesea pectora juncta fide!
Dum licet, amplectar: nunquam fortasse licebit
   Amplius. In lucro, quae datur hora, mihi est.
Nec mora; sermonis verba imperfecta relinquo
   Complectens animo proxima quaeque meo.   70

Dum loquor et flemus; caelo nitidissimus alto,
  Stella gravis nobis, Lucifer ortus erat.
Dividor haud aliter, quam si mea membra relinquam,
  Et pars abrumpi corpore visa suo est.
75 [Sic Priamus doluit, tunc cum in contraria versus
  Ultores habuit proditionis equus.]
Tum vero exoritur clamor gemitusque meorum,
  Et feriunt maestae pectora nuda manus.
Tum vero conjux humeris abeuntis inhaerens
80 Miscuit haec lacrimis tristia dicta suis:
Non potes avelli: simul ah, simul ibimus, inquit:
  Te sequar; et conjux exulis exul ero.
Et mihi facta via est: et me capit ultima tellus.
  Accedam profugae sarcina parva rati.
85 Te jubet e patria discedere Caesaris ira;
  Me pietas. Pietas haec mihi Caesar erit.
Talia tentabat: sic et tentaverat ante:
  Vixque dedit victas utilitate manus.
Egredior, sive illud erat sine funere ferri,
90 Squalidus immissis hirta per ora comis.
Illa dolore amens tenebris narratur obortis
  Semianimis media procubuisse domo.
Utque resurrexit, foedatis pulvere turpi
  Crinibus, et gelida membra levavit humo;

Se modo, desertos modo complorasse penates : 95
    Nomen et erepti saepe vocasse viri :
Nec gemuisse minus, quam si nateve meumve
    Vidisset structos corpus habere rogos :
Et voluisse mori : et moriendo ponere sensus :
    Respectuque tamen non posuisse mei. 100
Vivat : et absentem, quoniam sic fata tulerunt,
    Vivat, et auxilio sublevet usque suo.

                      OVID, *Tristia*, i. 3.

(4)

The poet in his exile recalls the memory of his early life.

ILLE ego, qui fuerim, tenerorum lusor amorum,
    Quem legis, ut noris, accipe, posteritas.
Sulmo mihi patria est, gelidis uberrimus undis,
    Millia qui novies distat ab Urbe decem.
Editus hic ego sum : nec non (ut tempora noris) 5
    Cum cecidit fato consul uterque pari.
Si quid id est, usque a proavis vetus ordinis haeres,
    Non modo fortunae munere factus eques.
Nec stirps prima fui genito jam fratre creatus,
    Qui tribus ante quater mensibus ortus erat. 10

Lucifer amborum natalibus affuit idem :
    Una celebrata est per duo liba dies.
Haec est armiferae festis de quinque Minervae,
    Quae fieri pugna prima cruenta solet.
15 Protinus excolimur teneri, curaque parentis
    Imus ad insignes Urbis ab arte viros.
Frater ad eloquium viridi tendebat ab aevo,
    Fortia verbosi natus ad arma fori.
At mihi jam puero coelestia sacra placebant,
20   Inque suum furtim Musa trahebat opus.
Saepe pater dixit : Studium quid inutile tentas?
    Maeonides nullas ipse reliquit opes.
Motus eram dictis : totoque Helicone relicto,
    Scribere conabar verba soluta modis.
25 Sponte sua numeros carmen veniebat ad aptos ;
    Et, quod tentabam dicere, versus erat.
Interea, tacito passu labentibus annis,
    Liberior fratri sumta mihique toga est,
Induiturque humeris cum lato purpura clavo :
30   Et studium nobis, quod fuit ante, manet.
Jamque decem vitae frater geminaverat annos,
    Cum perit, et coepi parte carere mei.
Cepimus et tenerae primos aetatis honores,
    Eque viris quondam pars tribus una fui.
35 Curia restabat ; clavi mensura coacta est :
    Majus erat nostris viribus illud onus.

Nec patiens corpus, nec mens fuit apta labori,
   Sollicitaeque fugax ambitionis eram;
Et petere Aoniae suadebant tuta sorores
   Otia, judicio semper amata meo.   40
Temporis illius colui fovique poetas;
   Quotque aderant vates, rebar adesse deos.
Saepe suas volucres legit mihi grandior aevo,
   Quaeque necet serpens, quae juvet herba, Macer.
Saepe suos solitus recitare Propertius ignes,   45
   Jure sodalitio qui mihi junctus erat.
Ponticus heroo, Bassus quoque clarus iambo,
   Dulcia convictus membra fuere mei.
Et tenuit nostras numerosus Horatius aures,
   Dum ferit Ausonia carmina culta lyra.   50
Virgilium vidi tantum: nec amara Tibullo
   Tempus amicitiae fata dedere meae.
Successor fuit hic tibi, Galle; Propertius illi
   Quartus ab his serie temporis ipse fui.
Utque ego majores, sic me coluere minores: 55
   Notaque non tarde facta Thalia mea est.
Carmina cum primum populo juvenilia legi,
   Barba resecta mihi bisve semelve fuit.
Moverat ingenium totam cantata per Urbem
   Nomine non vero dicta Corinna mihi.   60
Multa quidem scripsi: sed quae vitiosa putavi,
   Emendaturis ignibus ipse dedi.

Tum quoque, cum fugerem, quaedam placitura
   cremavi,
  Iratus studio carminibusque meis.
65 Molle, Cupidineis nec inexpugnabile telis
  Cor mihi, quodque levis causa moveret, erat.
Cum tamen hoc essem, minimoque accenderer
   igni;
  Nomine sub nostro fabula nulla fuit.
Paene mihi puero nec digna, nec utilis uxor
70 Est data: quae tempus perbreve nupta fuit.
Illi successit, quamvis sine crimine, conjux,
  Non tamen in nostro firma futura toro.
Ultima, quae mecum seros permansit in annos,
  Sustinuit conjux exsulis esse viri.
75 Filia me mea bis prima fecunda juventa,
  Sed non ex uno conjuge, fecit avum.
Et jam complerat genitor sua fata, novemque
  Addiderat lustris altera lustra novem.
Non aliter flevi, quam me fleturus ademtum
80 Ille fuit. Matri proxima justa tuli.
Felices ambo, tempestiveque sepultos,
  Ante diem poenae quod periere meae;
Me quoque felicem, quod non viventibus illis
  Sum miser, et de me quod doluere nihil!
85 Si tamen exstinctis aliquid, nisi nomina, restat,
  Et gracilis structos effugit umbra rogos;

Fama, parentales, si vos mea contigit, umbrae,
    Et sunt in Stygio crimina nostra foro :
Scite, precor, causam (nec vos mihi fallere fas
      est)
    Errorem jussae, non scelus, esse fugae.   90
Manibus id satis est. Ad vos, studiosa, revertor
    Pectora, qui vitae quaeritis acta mea.
Jam mihi canities, pulsis melioribus annis,
    Venerat, antiquas miscueratque comas :
Postque meos ortus Pisaea vinctus oliva   95
    Abstulerat decies praemia victor equus :
Cum maris Euxini positos ad laeva Tomitas
    Quaerere me laesi principis ira jubet.
Causa meae, cunctis nimium quoque nota, ruinae
    Indicio non est testificanda meo.   100
Quid referam comitumque nefas, famulosque no-
      centes ?
    Ipsa multa tuli non leviora fuga
Indignata malis mens est succumbere, seque
    Praestitit invictam viribus usa suis :
Oblitusque togae, ductaeque per otia vitae,   105
    Insolita cepi temporis arma manu.
Totque tuli terra casus pelagoque, quot inter
    Occultum stellae conspicuumque polum.
Tacta mihi tandem longis erroribus acto
    Juncta pharetratis Sarmatis ora Getis.   110

Hic ego, finitimis quamvis circumsoner armis,
　　Tristia, quo possum, carmine fata levo.
Quod, quamvis nemo est, cujus referatur ad aures,
　　Sic tamen absumo decipioque diem.
115 Ergo, quod vivo, durisque laboribus obsto,
　　Nec me sollicitae taedia lucis habent,
Gratia, Musa, tibi: nam tu solatia praebes
　　Tu curae requies, tu medicina mali:
Tu dux, tu comes es: tu nos abducis ab Istro,
120　　In medioque mihi das Helicone locum.
Tu mihi (quod rarum) vivo sublime dedisti
　　Nomen, ab exsequiis quod dare fama solet.
Nec, qui detrectat praesentia, livor iniquo
　　Ullum ne nostris dente momordit opus.
125 Nam tulerint magnos cum saecula nostra poetas,
　　Non fuit ingenio fama maligno meo.
Cumque ego praeponam multos mihi, non minor illis
　　Dicor: et in toto plurimus orbe legor.
Si quid habent igitur vatum praesagia veri,
130　　Protinus ut moriar, non ero, terra, tuus.
Sive favore tuli, sive hanc ego carmine famam,
　　Jure tibi grates, candide lector, ago.
　　　　　　　　　　OVID, *Tristia*, iv. 10.

(5)

The poet mourns a poet's death.

MEMNONA si mater, mater ploravit Achillen,
    Et tangunt magnas tristia fata deas;
Flebilis indignos, Elegeïa, solve capillos.
    A nimis ex vero nunc tibi nomen erit!
Ille tui vates operis, tua fama, Tibullus 5
    Ardet in exstructo corpus inane rogo.
Ecce puer Veneris fert eversamque pharetram,
    Et fractos arcus et sine luce facem.
Adspice demissis ut eat miserabilis alis,
    Pectoraque infesta tundat aperta manu. 10
Excipiunt sparsi lacrimas per colla capilli,
    Oraque singultu concutiente sonant.
Fratris in Aeneae sic illum funere dicunt
    Egressum tectis, pulcher Iule, tuis.
Nec minus est confusa Venus moriente Tibullo, 15
    Quam juveni rupit cum ferus inguen aper.
At sacri vates et divum cura vocamur:
    Sunt etiam, qui nos numen habere putent.
Scilicet omne sacrum mors importuna profanat:
    Omnibus obscuras injicit illa manus. 20

Carminibus confide bonis; jacet ecce Tibullus.
    Vix manet e tanto parva quod urna capit.
Tene, sacer vates, flammae rapuere rogales;
    Pectoribus pasci nec timuere tuis?
25 Aurea sanctorum potuissent templa deorum
    Urere, quae tantum sustinuere nefas.
Avertit vultus Erycis quae possidet arces:
    Sunt quoque, qui lacrimas continuisse negent.
Sed tamen hoc melius, quam si Phaeacia tellus
30   Ignotum vili supposuisset humo.
Hinc certe madidos fugientis pressit ocellos
    Mater, et in cineres ultima dona tulit.
Hinc soror in partem misera cum matre doloris
    Venit, inornatas dilaniata comas.
35 Cumque tuis sua junxerunt Nemesisque priorque
    Oscula, nec solos destituere rogos.
Delia discedens, 'felicius,' inquit, 'amata
    Sum tibi: vixisti, dum tuus ignis eram.'
Cui Nemesis: 'quid ais? tibi sint mea damna dolori?
40   Me tenuit moriens deficiente manu.'
Si tamen e nobis aliquid nisi nomen et umbra
    Restat, in Elysia valle Tibullus erit.
Obvius huic venias, hedera juvenilia cinctus
    Tempora, cum calvo, docte Catulle, tuo.
45 Tu quoque, si falsum est temerati crimen amici,
    Sanguinis atque animae, prodige Galle, tuae.

His comes umbra tua est ; si quid modo corporis
   umbra est :
Auxisti numeros, culte Tibulle, pios.
Ossa quieta, precor, tuta requiescite in urna,
   Et sit humus cineri non onerosa tuo.   50
                    OVID, *Amores*, iii. 9.

(6)

*To Perilla: the Muses have more precious gifts to
bestow than ever Wealth or Beauty gave; Poesy
is its own reward.*

VADE salutatum subito perarata Perillam
   Littera, sermonis fida ministra mei.
Aut illam invenies dulci cum matre sedentem,
   Aut inter libros Pieridasque suas.
Quicquid aget, cum te scierit venisse, relinquet ;   5
   Nec mora, quid venias, quidve, requiret, agam.
Vivere me dices ; sed sic ut vivere nolim :
   Nec mala tam longa nostra levata mora.
Et tamen ad Musas, quamvis nocuere, reverti,
   Aptaque in alternos cogere verba pedes.   10
Tu quoque, dic, studiis communibus ecquid
   inhaeres,
   Doctaque non patrio carmina more canis ?

Nam tibi cum Fatis mores Natura pudicos,
  Et raras dotes, ingeniumque dedit.
Hoc ego Pegasidas deduxi primus ad undas,
  Ne male fecundae vena periret aquae.
Primus id adspexi teneris in virginis annis:
  Utque patet, venae duxque comesque fui.
Ergo, si remanent ignes tibi pectoris idem,
  Sola tuum vates Lesbia vincet opus.
Sed vereor, ne te mea nunc fortuna retardet,
  Postque meos casus sit tibi pectus iners.
Dum licuit, tua saepe mihi, tibi nostra legebam;
  Saepe tui judex, saepe magister eram.
Aut ego praebebam factis modo versibus aures,
  Aut ubi cessaras, causa ruboris eram.
Forsitan exemplo, quia me laesere libelli,
  Tu quoque sis poenae fata secuta meae.
Pone, Perilla, metum. Tantummodo femina non sit
  Devia, nec scriptis discat amare tuis.
Ergo desidiae remove, doctissima, causas,
  Inque bonas artes et tua sacra redi.
Ista decens facies longis vitiabitur annis,
  Rugaque in antiqua fronte senilis erit.
Injicietque manum formae damnosa senectus,
  Quae strepitum passu non faciente venit.
Cumque aliquis dicet, Fuit haec formosa; dolebis,
  Et speculum mendax esse querere tuum.

Sunt tibi opes modicae, cum sis dignissima magnis.
  Finge sed immensis censibus esse pares ; 40
Nempe dat id cuicunque libet Fortuna, rapitque :
  Irus et est subito, qui modo Croesus erat.
Singula quid referam ? nil non mortale tenemus,
  Pectoris exceptis ingeniique bonis.
En ego, cum patria caream, vobisque, domoque, 45
  Raptaque sint, adimi quae potuere, mihi ;
Ingenio tamen ipse meo comitorque fruorque :
  Caesar in hoc potuit juris habere nihil.
Quilibet hanc saevo vitam mihi finiat ense ;
  Me tamen exstincto fama superstes erit. 50
Dumque suis victrix omnem de montibus orbem
  Prospiciet domitum Martia Roma, legar.
Tu quoque, quam studii maneat felicior usus,
  Effuge venturos, qua potes, usque rogos.
OVID, Tristia, iii. 7.

PART SECOND

(7)

Poets never die; soldiers and statesmen are forgotten, but a poet's memory is ever green. Homer and Hesiod, Pindar and Sophocles, are immortal, and their eternal summer shall not fade.

Quid mihi, Livor edax, ignavos objicis annos;
    Ingeniique vocas carmen inertis opus?
Non me more patrum, dum strenua sustinet aetas,
    Praemia militiae pulverulenta sequi;
5 Nec me verbosas leges ediscere, nec me
    Ingrato vocem prostituisse foro?
Mortale est, quod quaeris, opus. Mihi fama perennis
    Quaeritur; in toto semper ut orbe canar.
Vivet Maeonides, Tenedos dum stabit et Ide,
10 Dum rapidas Simois in mare volvet aquas.
Vivet et Ascraeus, dum mustis uva tumebit,
    Dum cadet incurva falce resecta Ceres.

Battiades semper toto cantabitur orbe;
　Quamvis ingenio non valet, arte valet.
Nulla Sophocleo veniet jactura cothurno. 15
　Cum sola et luna semper Aratus erit.
Dum fallax servus, durus pater, improba lena
　Vivent, dum meretrix blanda, Menandros erit.
Ennius arte carens animosique Accius oris,
　Casurum nullo tempore nomen habent. 20
Varronem primamque ratem quae nesciat aetas,
　Aureaque Aesonio terga petita duci?
Carmina sublimis tunc sunt peritura Lucreti,
　Exitio terras cum dabit una dies.
Tityrus, et fruges Aeneïaque arma legentur, 25
　Roma, triumphati dum caput orbis eris.
Donec erunt ignes arcusque Cupidinis arma,
　Discentur numeri, culte Tibulle, tui.
Gallus et Hesperiis et Gallus notus Eois,
　Et sua cum Gallo nota Lycoris erit. 30
Ergo, cum silices, cum dens patientis aratri
　Depereant aevo, carmina morte carent.
Cedant carminibus reges, regumque triumphi,
　Cedat et auriferi ripa beata Tagi.
Vilia miretur vulgus. Mihi flavus Apollo 35
　Pocula Castaliae plena ministret aquae,
Sustineamque coma metuentem frigora myrtum:
　Atque a sollicito multus amante legar.

Pascitur in vivis Livor: post fata quiescit,
  Cum suus ex merito quemque tuetur honos.
Ergo etiam, cum me supremus adederit ignis,
  Vivam, parsque mei multa superstes erit.

OVID, *Amores*, i. 15.

(8)

' For, if e'er my beauty bound thee,
  Lost and broken is the spell;
But thou canst not find another
  That will love thee half so well.'
Thus lamented fair Oenone,
  Weeping ever, weeping low,
On the holy mount of Ida,
  Where the pine and cypress grow.

PERLEGIS? an conjux prohibet nova? perlege: non est
  Ista Mycenaea littera facta manu.
Pegasis Oenone, Phrygiis celeberrima silvis,
  Laesa queror de te, si sinis ipsa, meo.
Quis deus opposuit nostris sua numina votis?
  Ne tua permaneam, quod mihi crimen obest?
Leniter, ex merito quicquid patiare, ferendum est:
  Quae venit indignae poena, dolenda venit.

Nondum tantus eras, cum te contenta marito
  Edita de magno flumine nympha fui. 10
Qui nunc Priamides, (adsit reverentia vero,)
  Servus eras : servo nubere nympha tuli.
Saepe greges inter requievimus arbore tecti,
  Mixtaque cum foliis praebuit herba torum.
Saepe super stramen, fenoque jacentibus alto 15
  Defensa est humili cana pruina casa.
Quis tibi monstrabat saltus venatibus aptos,
  Et tegeret catulos qua fera rupe suos?
Retia saepe comes maculis distincta tetendi :
  Saepe citos egi per juga longa canes. 20
Incisae servant a te mea nomina fagi,
  Et legor Oenone falce notata tua :
Et quantum trunci, tantum mea nomina crescunt :
  Crescite, et in titulos surgite recta meos.
Populus est (memini) fluviali consita ripa, 25
  Est in qua nostri littera scripta memor.
Popule, vive precor, quae consita margine ripae
  Hoc in rugoso cortice carmen habes ;
'Cum Paris Oenone poterit spirare relicta,
  Ad fontem Xanthi versa recurret aqua.' 30
Xanthe, retro propera, versaeque recurrite lymphae ;
  Sustinet Oenonen deseruisse Paris.
Illa dies fatum miserae mihi dixit ; ab illa
  Pessima mutati coepit amoris hiems ;

35   Qua Venus et Juno, sumptisque decentior armis
       Venit in arbitrium nuda Minerva tuum.
     Attoniti micuere sinus, gelidusque cucurrit,
       Ut mihi narrasti, dura per ossa tremor.
     Consului (neque enim modice terrebar,) anusque
40   Longaevosque senes: constitit esse nefas.
     Caesa abies, sectaeque trabes, et classe peracta,
       Caerula ceratas accipit unda rates.
     Flesti discedens: hoc saltem parce negare:
       Praeterito magis est iste pudendus amor:
45   Et flesti, et nostros vidisti flentis ocellos:
       Miscuimus lacrimas maestus uterque suas.
     Non sic appositis vincitur vitibus ulmus,
       Ut tua sunt collo brachia nexa meo.
     Ah quoties, cum te vento quererere teneri,
50   Riserunt comites!   Ille secundus erat.
     Oscula dimissae quoties repetita dedisti!
       Quam vix sustinuit dicere lingua, Vale!
     Aura levis rigido pendentia lintea malo
       Suscitat; et remis eruta canet aqua.
55   Prosequor infelix oculis abeuntia vela,
       Qua licet; et lacrimis humet arena meis.
     Utque celer venias virides Nereïdas oro.
       Scilicet ut venias in mea damna celer.
     Adspicit immensum moles nativa profundum;
60   Mons fuit: aequoreis illa resistit aquis.

Hinc ego vela tuae cognovi prima carinae:
　　Et mihi per fluctus impetus ire fuit.
Dum moror, in summa fulsit mihi purpura prora:
　　Pertimui: cultus non erat ille tuus.
Fit propior, terrasque cita ratis attigit aura: 65
　　Femineas vidi, corde tremente, genas.
Non satis id fuerat; quid enim furiosa morabar?
　　Haerebat gremio turpis amica tuo.
Tunc vero rupique sinus, et pectora planxi,
　　Et secui madidas ungue rigente genas: 70
Implevique sacram querulis ululatibus Iden.
　　Illinc has lacrimas in mea saxa tuli.
Sic Helene doleat, desertaque conjuge ploret:
　　Quaeque prior nobis intulit, ipsa ferat.
Nunc tibi conveniunt, quae te per aperta sequantur 75
　　Aequora, legitimos destituantque toros.
At cum pauper eras, armentaque pastor agebas,
　　Nulla, nisi Oenone, pauperis uxor erat.
Non ego miror opes, nec me tua regia tangit,
　　Nec de tot Priami dicar ut una nurus. 80
Non tamen ut Priamus nymphae socer esse recuset;
　　Aut Hecubae fuerim dissimulanda nurus.
Dignaque sum et cupio fieri matrona potentis;
　　Sunt mihi, quas possint sceptra decere, manus.
Nec me, faginea quod tecum fronde jacebam, 85
　　Despice: purpureo sum magis apta toro.

Denique, tutus amor meus est tibi : nulla parantur
  Bella, nec ultrices advehit unda rates.
Tyndaris infestis fugitiva reposcitur armis.
90   Hac venit in thalamos dote superba tuos.
Tu levior foliis, tunc cum, sine pondere succi,
  Mobilibus ventis arida facta, volant;
Et minus est in te, quam summa pondus arista,
  Quae levis assiduis solibus usta riget.
95 Hoc tua (nam recolo) quondam germana canebat,
  Sic mihi diffusis vaticinata comis ?
Quid facis, Oenone ? Quid arenae semina mandas?
  Non profecturis littora bubus aras.
Graia juvenca venit, quae te, patriamque, domumque
100   Perdat. Io prohibe ; Graia juvenca venit.
Dum licet, obscaenam ponto, Di, mergite puppim,
  Heu, quantum Phrygii sanguinis illa vehit !
Dixerat. In cursu famulae rapuere furentem ;
  At mihi flaventes diriguere comae.
105 Ah nimium vates miserae mihi vera fuisti ?
  Possidet en saltus illa juvenca meos.

OVID, *Heroides*, v.

(9)

'My beautiful bird is dead; come, birds of every tribe, and join the train of mourners. My bird was beautiful, but he is dead; he was innocent, but he is dead. O ever thus! whom the gods love, die young.'

PSITTACUS, Eois imitatrix ales ab Indis,
    Occidit. Exequias ite frequenter, aves.
Ite, piae volucres, et plangite pectora pennis;
    Et rigido teneras ungue notate genas.
Horrida pro maestis lanietur pluma capillis: 5
    Pro longa resonent carmina vestra tuba.
Quid scelus Ismarii quereris, Philomela, tyranni?
    Expleta est annis ista querela suis.
Alitis in rarae miserum devertite funus.
    Magna, sed antiqui, causa doloris Itys.   10
Omnes, quae liquido libratis in aëre cursus;
    Tu tamen ante alias, turtur amice, dole.
Plena fuit vobis omni concordia vita,
    Et stetit ad finem longa tenaxque fides.
Quod fuit Argolico juvenis Phoceus Orestae: 15
    Hoc tibi, dum licuit, psittace, turtur erat.

Quid tamen ista fides? quid rari forma coloris?
  Quid vox mutandis ingeniosa sonis?
Quid juvat, ut datus es, nostrae placuisse puellae?
  Infelix avium gloria, nempe jaces.
Tu poteras virides pennis hebetare smaragdos,
  Tincta gerens rubro Punica rostra croco.
Non fuit in terris vocum simulantior ales:
  Reddebas blaeso tam bene verba sono.
Raptus es invidia.   Non tu fera bella movebas:
  Garrulus, et placidae pacis amator eras.
Ecce, coturnices inter sua praelia vivunt:
  Forsitan et fiant inde frequenter anus.
Plenus eras minimo: nec prae sermonis amore
  In multos poteras ora vacare cibos.
Nux erat esca tibi; causaeque papavera somni;
  Pellebatque sitim simplicis humor aquae.
Vivit edax vultur, ducensque per aëra gyros
  Milüus, et pluviae graculus auctor aquae.
Vivit et armiferae cornix invisa Minervae;
  Illa quidem saeclis vix moritura novem.
Occidit ille loquax, humanae vocis imago,
  Psittacus, extremo munus ab orbe datum.
Optima prima fere manibus rapiuntur avaris;
  Implentur numeris deteriora suis.
Tristia Phylacidae Thersites funera vidit:
  Jamque cinis, vivis fratribus, Hector erat.

Quid referam timidae pro te pia vota puellae,
   Vota, procelloso per mare rapta Noto?
Septima lux aderat, non exhibitura sequentem;   45
   Et stabat vacua jam tibi Parca colo.
Nec tamen ignavo stupuerunt verba palato.
   Clamavit moriens lingua, Corinna, vale.
Colle sub Elysio nigra nemus ilice frondens,
   Udaque perpetuo gramine terra, viret.   50
Si qua fides dubiis; volucrum locus ille piarum
   Dicitur, obscaenae quo prohibentur aves.
Illic innocui late pascuntur olores:
   Et vivax Phoenix, unica semper avis.
Explicat ipsa suas ales Junonia pennas: 55
   Oscula dat cupido blanda columba mari.
Psittacus has inter, nemorali sede receptus,
   Convertit volucres in sua verba pias.
Ossa tegit tumulus: tumulus pro corpore parvus;
   Quo lapis exiguus par sibi carmen habet.   60
Colligor ex ipso dominae placuisse sepulcro.
   Ora fuere mihi plus ave docta loqui.

                              OVID, *Amores*, ii. 6.

(10)

The poet, in exile, strives to cheer his heart with song:
  '*For the unquiet heart and brain*
    A use in measured language lies;
  The sad mechanic exercise,
    Like dull narcotics, numbing pain.'
Amid alarms and border forays, the Muse still breathes
      her consolation.

    Si qua meis fuerint, ut erunt, vitiosa libellis,
        Excusata suo tempore, lector, habe.
    Exsul eram; requiesque mihi, non fama petita est;
        Mens intenta suis ne foret usque malis.
5   Hoc est, cur cantet vinctus quoque compede fossor,
        Indocili numero cum grave mollit opus:
    Cantet et, innitens limosae pronus arenae,
        Adverso tardam qui trahit amne ratem.
    Quique ferens pariter lentos ad pectora remos,
10   In numerum pulsa brachia versat aqua.
    Fessus ut incubuit baculo, saxove resedit
        Pastor, arundineo carmine mulcet oves.
    Cantantis pariter, pariter data pensa trahentis
        Fallitur ancillae decipiturque labor.

Fertur et abducta Lyrnesside tristis Achilles 15
  Haemonia curas attenuasse lyra.
Cum traheret Silvas Orpheus et dura canendo
  Saxa, bis amissa conjuge maestus erat.
Me quoque Musa levat Ponti loca jussa petentem.
  Sola comes nostrae perstitit illa fugae. 20
Sola nec insidias hominum, nec militis ensem,
  Nec mare, nec ventos, barbariemque timet.
Scit quoque, cum perii, quis me deceperit error:
  Et culpam in facto, non scelus, esse meo.
Scilicet hoc ipso nunc aequa, quod obfuit ante, 25
  Cum mecum juncti criminis acta rea est.
Non equidem vellem, quoniam nocitura fuerunt,
  Pieridum sacris imposuisse manum.
Sed nunc quid faciam? vis me tenet ipsa Sororum;
  Et carmen demens, carmine laesus, amo. 30
Sic nova Dulichio lotos gustata palato,
  Illo, quo nocuit, grata sapore fuit.
Sentit amans sua damna fere; tamen haeret in illis;
  Materiam culpae persequiturque suae.
Nos quoque delectant, quamvis nocuere, libelli; 35
  Quodque mihi telum vulnera fecit, amo.
Forsitan hoc studium possit furor esse videri;
  Sed quiddam furor hic utilitatis habet.
Semper in obtutu mentem vetat esse malorum;
  Praesentis casus immemoremque facit. 40

Utque suum Bacchis non sentit saucia vulnus,
　　Dum stupet Edonis exululata jugis ;
Sic, ubi mota calent viridi mea pectora thyrso,
　　Altior humano spiritus ille malo est.
45　Ille nec exsilium, Scythici nec litora ponti,
　　Ille nec iratos sentit adesse deos.
Utque soporiferae biberem si pocula Lethes,
　　Temporis adversi sic mihi sensus hebet.
Jure deas igitur veneror mala nostra levantes ;
50　　Sollicitae comites ex Helicone fugae ;
Et partim pelago, partim vestigia terra,
　　Vel rate dignatas, vel pede, nostra sequi.
Sint precor hae saltem faciles mihi: namque deorum
　　Caetera cum magno Caesare turba facit.
55　Meque tot adversis cumulant, quot litus arenas,
　　Quotque fretum pisces, ovaque piscis habet.
Vere prius flores, aestu numerabis aristas,
　　Poma per autumnum, frigoribusque nives ;
Quam mala, quae toto patior jactatus in orbe,
60　　Dum miser Euxini litora laeva peto.
Nec tamen, ut veni, levior fortuna malorum est :
　　Huc quoque sunt nostras fata secuta vias.
Hic quoque cognosco natalis stamina nostri ;
　　Stamina de nigro vellere facta mihi.
65　Utque nec insidias, capitisque pericula narrem,
　　Vera quidem, vera sed graviora fide ;

Vivere quam miserum est inter Bessosque
    Getasque
  Illi, qui populi semper in ore fuit!
Quam miserum, porta vitam muroque tueri,
  Vixque sui tutum viribus esse loci!   70
Aspera militiae juvenis certamina fugi,
  Nec nisi lusura movimus arma manu.
Nunc senior gladioque latus, scutoque sinistram,
  Canitiem galeae subjicioque meam.
Nam dedit e specula custos ubi signa tumultus;   75
  Induimur trepida protinus arma manu.
Hostis, habens arcus imbutaque tela veneno,
  Saevus anhelanti moenia lustrat equo.
Utque rapax pecudem, quae se non texit ovili,
  Per sata, per silvas, fertque trahitque lupus;   80
Sic, si quem nondum portarum sepe receptum
  Barbarus in campis reperit hostis, agit.
Aut sequitur captus, conjectaque vincula collo
  Accipit; aut telo virus habente cadit.
Hic ego sollicitae jaceo novus incola sedis.   85
  Heu nimium fati tempora longa mei!
Et tamen ad numeros antiquaque sacra reverti
  Sustinet in tantis hospita Musa malis.
Sed neque cui recitem quisquam est mea carmina;
    nec qui
  Auribus accipiat verba Latina suis.   90

Ipse mihi (quidenim faciam ?) scriboque legoque :
   Tutaque judicio litera nostra suo est.
Saepe tamen dixi, Cui nunc haec cura laborat ?
   An mea Sauromatae scripta Getaeque legent ?
95 Saepe etiam lacrimae me sunt scribente profusae,
   Humidaque est fletu litera facta meo.
Corque vetusta meum, tanquam nova, vulnera sentit ;
   Inque sinum maestae labitur imber aquae.
Cum vice mutata quid sim fuerimque recordor,
100   Et tulerit quo me casus, et unde, subit ;
Saepe manus demens, studiis irata malignis,
   Misit in arsuros carmina nostra focos.
Atque ita de multis, quoniam non multa supersunt,
   Cum venia facito, quisquis es, ista legas.
105 Tu quoque non melius, quam sunt mea tempora, carmen
   Interdicta mihi consule Roma boni.

OVID, *Tristia*, iv. 1.

(11)

*But old age comes on apace, and Caesar's anger is not
   assuaged ; the poet still pines in exile ; even the
   stoutest heart will break at last. 'Ah! if we could
   meet, true wife, were it but to mingle our tears.'*

JAM mihi deterior canis adspergitur aetas ;
   Jamque meos vultus ruga senilis arat :

Jam vigor, et quasso languent in corpore vires :
   Nec, juveni lusus qui placuere, placent.
Nec, si me subito videas, agnoscere possis ; 5
   Aetatis facta est tanta ruina meae.
Confiteor facere haec annos; sed et altera caussa est,
   Anxietas animi, continuusque labor.
Nam mea per longos si quis mala digerat annos,
   (Crede mihi,) Pylio Nestore major ero. 10
Cernis ut in duris (et quid bove firmius?) arvis
   Fortia taurorum corpora frangat opus.
Quae nunquam vacuo solita est cessare novali,
   Fructibus assiduis lassa senescit humus.
Occidet, ad Circi si quis certamina semper, 15
   Non intermissis cursibus, ibit equus.
Firma sit illa licet, solvetur in aequore navis,
   Quae nunquam liquidis sicca carebit aquis.
Me quoque debilitat series immensa malorum,
   Ante meum tempus cogit et esse senem. 20
Otia corpus alunt; animus quoque pascitur illis.
   Immodicus contra carpit utrumque labor.
Te quoque, quam juvenem discedens Urbe reliqui,
   Credibile est nostris insenuisse malis.
O ego, Di faciant, talem te cernere possim, 25
   Caraque mutatis oscula ferre genis ;
Amplectique meis corpus non pingue lacertis;
   Et, Gracile hoc fecit, dicere, cura mei ;

Et narrare meos flenti flens ipse labores;
30 Sperato nunquam colloquioque frui;
Thuraque Caesaribus, cum conjuge Caesare digna,
  Dis veris, memori debita ferre manu!
Memnonis hanc utinam, lenito Principe, mater
  Quamprimum roseo provocet ore diem!
                    OVID, *Ex Ponto*, i. 4, 1-22, 47-58.

(12)

Meanwhile, fair weather friends prove false in the hour of trial, and desert the fallen exile's cause. 'False friends! beware! Fortune is a fickle goddess, and may change, and bring me my revenge.'

CONQUERAR, an taceam? ponam sine nomine crimen?
  An notum, qui sis, omnibus esse velim?
Nomine non utar, ne commendere querela;
  Quaeraturque tibi carmine fama meo.
5 Dum mea puppis erat valida fundata carina,
  Qui mecum velles currere, primus eras.
Nunc, quia contraxit vultum Fortuna, recedis;
  Auxilio postquam scis opus esse tuo.
Dissimulas etiam, nec me vis nosse videri:
10 Quisque sit, audito nomine, Naso, rogas.

Ille ego sum quanquam non vis audire, vetusta
    Pene puer puero junctus amicitia.
Ille ego, qui primus tua seria nosse solebam,
    Qui tibi jucundis primus adesse jocis.
Ille ego convictor, densoque domesticus usu;   15
    Ille ego judiciis unica Musa tuis.
Idem ego sum, qui nunc an vivam, perfide, nescis;
    Cura tibi de quo quaerere nulla fuit.
Sive fui nunquam carus, simulasse fateris;
    Seu non fingebas, inveniere levis.   20
Dic age dic aliquam, quae te mutaverit, iram:
    Nam nisi justa tua est, justa querela mea est.
Quae te consimilem res nunc vetat esse priori?
    An crimen, coepi quod miser esse, vocas?
Si mihi rebus opem nullam factisque ferebas;   25
    Venisset verbis charta notata tribus.
Vix equidem credo, sed et insultare jacenti
    Te mihi, nec verbis parcere, Fama refert.
Quid facis, ah demens? cur, si Fortuna recedat,
    Naufragio lacrimas eripis ipse tuo?   30
Haec Dea non stabili, quam sit levis, orbe fatetur,
    Quem summum dubio sub pede semper habet.
Quolibet est folio, quavis incertior aura.
    Par illi levitas, improbe, sola tua est.
Omnia sunt hominum tenui pendentia filo: 35
    Et subito casu, quae valuere, ruunt.

Divitis audita est cui non opulentia Croesi?
  Nempe tamen vitam captus ab hoste tulit.
Ille Syracosia modo formidatus in urbe,
  Vix humili duram repulit arte famem.
Quid fuerat Magno majus? tamen ille rogavit
  Summissa fugiens voce clientis opem.
Cuique viro totus terrarum paruit orbis,
  Indigus effectus omnibus ipse magis.
Ille Jugurthino clarus Cimbroque triumpho,
  Quo victrix toties Consule Roma fuit,
In caeno latuit Marius, cannaque palustri;
  Pertulit et tanto multa pudenda viro.
Ludit in humanis divina potentia rebus:
  Et certum praesens vix habet hora fidem.
Litus ad Euxinum, si quis mihi diceret, ibis,
  Et metues, arcu ne feriare Getae;
I, bibe, dixissem, purgantes pectora succos;
  Quicquid et in tota nascitur Anticyra.
Sum tamen haec passus; nec si mortalia possem,
  Et summi poteram tela cavere dei.
Tu quoque fac timeas; et, quae tibi laeta videntur,
  Dum loqueris, fieri tristia posse puta.

OVID, *Ex Ponto*, iv. 3.

PART THIRD

(13)

How varied are the ends and aims of men! Sport, politics, and war have each and all their votaries. But my heart is true to the Love of Song.

MAECENAS atavis edite regibus,
O et praesidium et dulce decus meum :
Sunt quos curriculo pulverem Olympicum
Collegisse juvat, metaque fervidis
Evitata rotis palmaque nobilis
Terrarum dominos evehit ad Deos :
Hunc, si mobilium turba Quiritium
Certat tergeminis tollere honoribus ;
Illum, si proprio condidit horreo
Quidquid de Libycis verritur areis.
Gaudentem patrios findere sarculo
Agros Attalicis conditionibus

Nunquam dimoveas, ut trabe Cypria
Myrtoum pavidus nauta secet mare.
Luctantem Icariis fluctibus Africum
Mercator metuens otium et oppidi
Laudat rura sui : mox reficit rates
Quassas indocilis pauperiem pati.
Est qui nec veteris pocula Massici
Nec partem solido demere de die
Spernit, nunc viridi membra sub arbuto
Stratus, nunc ad aquae lene caput sacrae.
Multos castra juvant, et lituo tubae
Permixtus sonitus bellaque matribus
Detestata.   Manet sub Jove frigido
Venator tenerae conjugis immemor,
Seu visa est catulis cerva fidelibus,
Seu rupit teretes Marsus aper plagas.
[Me] doctarum hederae praemia frontium
Dis miscent superis : me gelidum nemus
Nympharumque leves cum Satyris chori
Secernunt populo, si neque tibias
Euterpe cohibet nec Polyhymnia
Lesboum refugit tendere barbiton.
Quodsi me lyricis vatibus inseres,
Sublimi feriam sidera vertice.

HORACE, *Odes*, i. 1.

(14)

Quintilius, friend of my friend, is gone. All good men mourn for him, but Vergil's grief is keenest. But ah! no song can reach the dead, though sweeter than the song of Orpheus; no prayer can call them back!

>Quis desiderio sit pudor aut modus
>Tam cari capitis? Praecipe lugubres
>Cantus, Melpomene, cui liquidam pater
>   Vocem cum cithara dedit.
>
>Ergo Quintilium perpetuus sopor
>Urget! Cui Pudor et Justitiae soror
>Incorrupta Fides nudaque veritas
>   Quando ullum inveniet parem?
>
>Multis ille bonis flebilis occidit,
>Nulli flebilior quam tibi, Vergili.
>Tu frustra pius, heu, non ita creditum
>   Poscis Quintilium Deos.
>
>Quodsi Threïcio blandius Orpheo
>Auditam moderere arboribus fidem,
>Non vanae redeat sanguis imagini,
>   Quam virga semel horrida,

Non lenis precibus fata recludere,
Nigro compulerit Mercurius gregi.
Durum : sed levius fit patientia,
    Quidquid corrigere est nefas.
                HORACE, *Odes*, i. 24.

(15)

What boon shall the poet crave from the God of Poesy on this his inaugural festival? not wealth of lands or cattle or gold. He is content with simple fare, and prays but for health of mind and body, and such pleasures as his Art bestows.

QUID dedicatum poscit Apollinem
Vates ? Quid orat, de patera novum
    Fundens liquorem ? Non opimae
        Sardiniae segetes feraces,

Non aestuosae grata Calabriae
Armenta, non aurum, aut ebur Indicum,
    Non rura, quae Liris quieta
        Mordet aqua taciturnus amnis.

Premant Calena falce quibus dedit
Fortuna vitem ; dives et aureis
    Mercator exsiccet culullis
        Vina Syra reparata merce,

Dis carus ipsis, quippe ter et quater
Anno revisens aequor Atlanticum
   Impune.   Me pascunt olivae,   15
      Me cichorea levesque malvae.

Frui paratis et valido mihi,
Latoë, dones et (precor) integra
   Cum mente nec turpem senectam
      Degere nec cithara carentem.   20
               HORACE, *Odes*, i. 31.

(16)

Fortune! amid all change and chance, keep Caesar safe and Rome.

O DIVA, gratum quae regis Antium,
Praesens vel imo tollere de gradu
   Mortale corpus vel superbos
      Vertere funeribus triumphos,

Te pauper ambit sollicita prece   5
Ruris colonus, te dominam aequoris,
   Quicunque Bithyna lacessit
      Carpathium pelagus carina.

Te Dacus asper, te profugi Scythae,
Urbesque gentesque et Latium ferox   10
   Regumque matres barbarorum et
      Purpurei metuunt tyranni,

Injurioso ne pede proruas
Stantem columnam neu populus frequens
    Ad arma cessantes, ad arma
        Concitet imperiumque frangat.

Te semper anteit saeva Necessitas,
Clavos trabales et cuneos manu
    Gestans aëna, nec severus
        Uncus abest, liquidumque plumbum.

Te Spes, et albo rara Fides colit
Velata panno nec comitem abnegat,
    Utcunque mutata potentes
        Veste domos inimica linquis.

At vulgus infidum et meretrix retro
Perjura cedit : diffugiunt cadis
    Cum faece siccatis amici
        Ferre jugum pariter dolosi.

Serves iturum Caesarem in ultimos
Orbis Britannos et juvenum recens
    Examen Eois timendum
        Partibus Oceanoque rubro.

Eheu cicatricum et sceleris pudet
Fratrumque.   Quid nos dura refugimus
    Aetas? quid intactum nefasti
        Liquimus?   Unde manum juventus

Metu Deorum continuit? quibus
Pepercit aris? O utinam nova
   Incude diffingas retusum in
      Massagetas Arabasque ferrum.   40
           HORACE, *Odes*, i. 35.

(17)

*Thanks to the Gods! the barbaric Queen is vanquished,
and Rome is saved.*

NUNC est bibendum, nunc pede libero
Pulsanda tellus, nunc Saliaribus
   Ornare pulvinar Deorum
      Tempus erat dapibus, sodales.

Antehac nefas depromere Caecubum   5
Cellis avitis, dum Capitolio
   Regina dementes ruinas,
      Funus et imperio parabat

Contaminato cum grege turpium
Morbo virorum, quidlibet impotens   10
   Sperare fortunaque dulci
      Ebria. Sed minuit furorem

      Vix una sospes navis ab ignibus,
      Mentemque lymphatam Mareotico
15   Redegit in veros timores
           Caesar ab Italia volantem

      Remis adurgens, (accipiter velut
      Molles columbas, aut leporem citus
        Venator in campis nivalis
20   Haemoniae,) daret ut catenis

      Fatale monstrum : quae generosius
      Perire quaerens nec muliebriter
        Expavit ensem nec latentes
          Classe cita [reparavit] oras.

25   Ausa et jacentem visere regiam
      Vultu sereno, fortis et asperas
        Tractare serpentes, ut atrum
          Corpore combiberet venenum,

      Deliberata morte ferocior;
30   Saevis Liburnis scilicet invidens
        Privata deduci superbo
          Non humilis mulier triumpho.
                HORACE, *Odes*, i. 37.

(18)

Pollio is writing the History of our Civil Wars, and we await with eagerness his book, and seem already to hear the trumpets and to see the flashing armour. All the world at Caesar's feet, Cato's stubborn spirit alone still unsubdued!

MOTUM ex Metello consule civicum
Bellique causas et vitia et modos
    Ludumque fortunae gravesque
        Principum amicitias et arma

Nondum expiatis uncta cruoribus,   5
Periculosae plenum opus aleae,
    Tractas et incedis per ignes
        Suppositos cineri doloso.

Paullum severae Musa tragoediae
Desit theatris; mox ubi publicas   10
    Res ordinaris, grande munus
        Cecropio repetes cothurno,

Insigne maestis praesidium reis,
Et consulenti, Pollio, Curiae;
    Cui laurus aeternos honores   15
        Dalmatico peperit triumpho.

Jam nunc minaci murmure cornuum
Perstringis aures, jam litui strepunt;
    Jam fulgor armorum fugaces
        Terret equos equitumque vultus.

Audire magnos jam videor duces
Non indecoro pulvere sordidos,
    Et cuncta terrarum subacta
        Praeter atrocem animum Catonis.

Juno et Deorum quisquis amicior
Afris inulta cesserat impotens
    Tellure victorum nepotes
        Rettulit inferias Jugurthae.

Quis non Latino sanguine pinguior
Campus sepulcris impia proelia
    Testatur auditumque Medis
        Hesperiae sonitum ruinae?

Qui gurges, aut quae flumina lugubris
Ignara belli? quod mare Dauniae
    Non decoloravere caedes?
        Quae caret ora cruore nostro?

Sed ne relictis, Musa procax, jocis
Ceae retractes munera neniae;
    Mecum Dionaeo sub antro
        Quaere modos leviore plectro.

                HORACE, *Odes*, ii. 1.

(19)

Wealth has no value save in use. He is wealthiest who is most content; he is the true King who rules his own spirit.

NULLUS argento color est avaris
Abdito terris, inimice lamnae
Crispe Salusti, nisi temperato
    Splendeat usu.

Vivet extento Proculeius aevo,   5
Notus in fratres animi paterni:
Illum aget penna metuenti solvi
    Fama superstes.

Latius regnes avidum domando
Spiritum, quam si Libyam remotis   10
Gadibus jungas, et uterque Poenus
    Serviat uni.

Crescit indulgens sibi dirus hydrops,
Nec sitim pellit, nisi causa morbi
Fugerit venis et aquosus albo   15
    Corpore languor.

Redditum Cyri solio Phraaten
Dissidens plebi, numero beatorum
Eximit Virtus, populumque falsis
    Dedocet uti

Vocibus, regnum et diadema tutum
Deferens uni propriamque laurum,
Quisquis ingentes oculo irretorto
    Spectat acervos.

                           HORACE, *Odes*, ii. 2.

(20)

Observe the golden mean, as in trouble, so in joy.
Snatch the moments as they fly; death comes at
last to all.

AEQUAM memento rebus in arduis
Servare mentem, non secus in bonis
    Ab insolenti temperatam
        Laetitia, moriture Delli,

Seu maestus omni tempore vixeris,
Seu te in remoto gramine per dies
    Festos reclinatum bearis
        Interiore nota Falerni.

Quo pinus ingens albaque populus
Umbram hospitalem consociare amant   10
   Ramis ? Quid obliquo laborat
      Lympha fugax trepidare rivo ?

Huc vina et unguenta et nimium breves
Flores amoenae ferre jube rosae,
   Dum res et aetas et Sororum   15
      Fila trium patiuntur atra.

Cedes coëmptis saltibus et domo
Villaque, flavus quam Tiberis lavit,
   Cedes, et exstructis in altum
      Divitiis potietur heres.   20

Divesne prisco natus ab Inacho,
Nil interest, an pauper et infima
   De gente sub divo moreris,
      Victima nil miserantis Orci.

Omnes eodem cogimur, omnium   25
Versatur urna serius ocius
   Sors exitura et nos in aeternum
      Exilium impositura cymbae.
                        HORACE, *Odes*, ii. 3.

(21)

Septimius, my friend, thou wouldst bear me company, I know, to the world's end. But let us rather seek a retreat for our old age at Tibur, or at Tarentum—sunny, blest Tarentum: there shalt thou bury me.

SEPTIMI, Gades aditure mecum et
Cantabrum indoctum juga ferre nostra et
Barbaras Syrtes, ubi Maura samper
    Aestuat unda;

5   Tibur Argeo positum colono
Sit meae sedes utinam senectae,
Sit modus lasso maris et viarum
    Militiaeque!

Unde si Parcae prohibent iniquae,
10   Dulce pellitis ovibus Galaesi
Flumen et regnata petam Laconi
    Rura Phalanto.

Ille terrarum mihi praeter omnes
Angulus ridet, ubi non Hymetto
15   Mella decedunt, viridique certat
    Bacca Venafro:

Ver ubi longum tepidasque praebet
Jupiter brumas, et amicus Aulon
Fertili Baccho minimum Falernis
    Invidet uvis.   20

Ille te mecum locus et beatae
Postulant arces; ibi tu calentem
Debita sparges lacrima favillam
    Vatis amici.

               HORACE, *Odes*, ii. 6.

(22)

Pompeius has come back to Rome and to me! My friend of olden time and companion in arms, when I ran away and left my shield behind. Now for a carouse in honour of his return! Away, Sobriety! my friend is back at home!

O SAEPE mecum tempus in ultimum
Deducte Bruto militiae duce,
    Quis te redonavit Quiritem
        Dis patriis Italoque caelo,

Pompei, meorum prime sodalium?   5
Cum quo morantem saepe diem mero
    Fregi coronatus nitentes
        Malobathro Syrio capillos.

Tecum Philippos et celerem fugam
Sensi relicta non bene parmula,
 Cum fracta virtus et minaces
  Turpe solum tetigere mento.

Sed me per hostes Mercurius celer
Denso paventem sustulit aëre:
 Te rursus in bellum resorbens
  Unda fretis tulit aestuosis.

Ergo obligatam redde Jovi dapem
Longaque fessum militia latus
 Depone sub lauru mea nec
  Parce cadis tibi destinatis.

Oblivioso levia Massico
Ciboria exple, funde capacibus
 Unguenta de conchis. Quis udo
  Deproperare apio coronas

Curatve myrto? Quem Venus arbitrum
Dicet bibendi? Non ego sanius
 Bacchabor Edonis: recepto
  Dulce mihi furere est amico.

HORACE, *Odes*, ii. 7.

(23)

The longest winter, the wildest storm, must end at last. Your grief for your lost love, my Valgius, knows no rest nor limit. Forget the lover in the citizen, and join in singing Caesar's triumph.

NON semper imbres nubibus hispidos
Manant in agros aut mare Caspium
    Vexant inaequales procellae
        Usque, nec Armeniis in oris,

Amice Valgi, stat glacies iners 5
Menses per omnes aut Aquilonibus
    Querceta Gargani laborant
        Et foliis viduantur orni :

Tu semper urges flebilibus modis
Mysten ademptum, nec tibi Vespero 10
    Surgenti decedunt amores,
        Nec rapidum fugiente Solem.

At non ter aevo functus amabilem
Ploravit omnes Antilochum senex
    Annos, nec impubem parentes 15
        Troïlon aut Phrygiae sorores

Flevere semper. Desine mollium
Tandem querelarum, et potius nova
   Cantemus Augusti tropaea
     Caesaris et rigidum Niphaten,
Medumque flumen gentibus additum
Victis minores volvere vertices,
   Intraque praescriptum Gelonos
     Exiguis equitare campis.

                    HORACE, *Odes*, ii. 9.

(24)

Sail not rashly into the wild waters of the open sea, nor yet, by hugging the shore too closely, risk thy bark among the breakers. Observe the golden mean. Whether in good fortune or in ill, remember that naught abides, but change is the universal law.

RECTIUS vives, Licini, neque altum
Semper urgendo, neque, dum procellas
Cautus horrescis, nimium premendo
   Litus iniquum.

Auream quisquis mediocritatem
Diligit, tutus caret obsoleti
Sordibus tecti, caret invidenda
   Sobrius aula.

Saepius ventis agitatur ingens
Pinus, et celsae graviore casu   10
Decidunt turres, feriuntque summos
    Fulgura montes.

Sperat infestis, metuit secundis
Alteram sortem bene praeparatum
Pectus.   Informes hiemes reducit   15
    Jupiter, idem

Summovet.   Non, si male nunc, et olim
Sic erit.   Quondam cithara tacentem
Suscitat musam, neque semper arcum
    Tendit Apollo.   20

Rebus angustis animosus atque
Fortis appare; sapienter idem
Contrahes vento nimium secundo
    Turgida vela.

                HORACE, *Odes*, ii. 10.

(25)

'Old Time is still a-flying': one end awaits us all,
*   gentle and simple, poor and rich.*

EHEU fugaces, Postume, Postume,
Labuntur anni nec pietas moram
    Rugis et instanti senectae
        Afferet indomitaeque morti;

Non, si trecenis, quotquot eunt dies,
Amice, places illacrimabilem
    Plutona tauris, qui ter amplum
        Geryonen Tityonque tristi

Compescit unda, scilicet omnibus,
Quicunque terrae munere vescimur,
    Enaviganda, sive reges
        Sive inopes erimus coloni.

Frustra cruento Marte carebimus,
Fractisque rauci fluctibus Hadriae,
    Frustra per autumnos nocentem
        Corporibus metuemus Austrum :

Visendus ater flumine languido
Cocytos errans et Danai genus
    Infame, damnatusque longi
        Sisyphus Aeolides laboris.

Linquenda tellus et domus et placens
Uxor, neque harum, quas colis, arborum
    Te praeter invisas cupressos
        Ulla brevem dominum sequetur.

Absumet heres Caecuba dignior
Servata centum clavibus et mero
    Tinget pavimentum superbo,
        Pontificum potiore coenis.

HORACE, *Odes*, ii. 14.

(26)

We are being spoilt by luxury; our palaces and gardens leave no room for farms and vineyards. This was not our fathers' way.

    JAM pauca aratro jugera regiae
    Moles relinquent, undique latius
        Extenta visentur Lucrino
            Stagna lacu platanusque coelebs

    Evincet ulmos: tum violaria et   5
    Myrtus et omnis copia narium,
        Spargent olivetis odorem
            Fertilibus domino priori:

    Tum spissa ramis laurea fervidos
    Excludet ictus.   Non ita Romuli   10
        Praescriptum et intonsi Catonis
            Auspiciis veterumque norma.

    Privatus illis census erat brevis,
    Commune magnum: nulla decempedis
        Metata privatis opacam   15
            Porticus excipiebat Arcton;

Nec fortuitum spernere cespitem
　　　Leges sinebant, oppida publico
　　　　Sumtu jubentes et Deorum
20　　　　Templa novo decorare saxo.
　　　　　　　　　HORACE, *Odes*, ii. 15.

(27)

We all pray for Peace. But gold will not buy it, nor rank nor luxury secure it. And yet how few and simple are the elements of a happy life! Enjoy the present; let the morrow take thought for itself; if trouble come, meet it with a smile.

　　　OTIUM Divos rogat in patenti
　　　Prensus Aegaeo, simul atra nubes
　　　Condidit Lunam, neque certa fulgent
　　　　Sidera nautis;

5　　　Otium bello furiosa Thrace,
　　　Otium Medi pharetra decori,
　　　Grosphe, non gemmis neque purpura ve-
　　　　nale neque auro.

　　　Non enim gazae neque consularis
10　　Summovet lictor miseros tumultus
　　　Mentis et curas laqueata circum
　　　　Tecta volantes.

Vivitur parvo bene, cui paternum
Splendet in mensa tenui salinum,
Nec leves somnos timor aut cupido 15
    Sordidus aufert.

Quid brevi fortes jaculamur aevo
Multa? Quid terras alio calentes
Sole mutamus? Patriae quis exsul
    Se quoque fugit? 20

Scandit aeratas vitiosa naves
Cura nec turmas equitum relinquit,
Ocior cervis et agente nimbos
    Ocior Euro.

Laetus in praesens animus, quod ultra est, 25
Oderit curare et amara lento
Temperet risu. Nihil est ab omni
    Parte beatum.

Abstulit clarum cita mors Achillem,
Longa Tithonum minuit senectus, 30
Et mihi forsan, tibi quod negarit,
    Porriget hora.

Te greges centum Siculaeque circum
Mugiunt vaccae, tibi tollit hinnitum
Apta quadrigis equa, te his Afro 35
    Murice tinctae

Vestiunt lanae : mihi parva rura et
Spiritum Graiae tenuem Camenae
Parca non mendax dedit et malignum
    Spernere vulgus.

                  HORACE, *Odes*, ii. 16.

(28)

No, no, Maecenas, you will not leave me if you die. We are fated to die together. Together we will travel on our last journey. The stars have so decreed it.

CUR me querelis exanimas tuis?
Nec Dis amicum est nec mihi te prius
    Obire, Maecenas, mearum
        Grande decus columenque rerum.

Ah te meae si partem animae rapit
Maturior vis, quid moror altera,
    Nec carus aeque, nec superstes
        Integer? Ille dies utramque

Ducet ruinam. Non ego perfidum
Dixi sacramentum: ibimus, ibimus,
    Utcunque praecedes, supremum
        Carpere iter comites parati.

Me nec Chimaerae spiritus igneae,
Nec, si resurgat centimanus Gyas,
   Divellet unquam: sic potenti   15
      Justitiae placitumque Parcis.

Seu libra seu me Scorpios adspicit
Formidolosus, pars violentior
   Natalis horae, seu tyrannus
      Hesperiae Capricornus undae,   20

Utrumque nostrum incredibili modo
Consentit astrum; te Jovis impio
   Tutela Saturno refulgens
      Eripuit, volucrisque Fati

Tardavit alas, cum populus frequens   25
Laetum theatris ter crepuit sonum:
   Me truncus illapsus cerebro
      Sustulerat, nisi Faunus ictum

Dextra levasset, Mercurialium
Custos virorum. Reddere victimas   30
   Aedemque votivam memento:
      Nos humilem feriemus agnam.
                HORACE, *Odes*, ii. 17.

Sub rege Medo, Marsus et Appulus,
Anciliorum et nominis et togae
    Oblitus, aeternaeque Vestae,
        Incolumi Jove et urbe Roma?

Hoc caverat mens provida Reguli,
Dissentientis conditionibus
    Foedis, et exemplo trahenti
        Per~~niciem~~ veniens in aevum;

Si non periret immiserabilis
Captiva pubes. Signa ego Punicis
    Affixa delubris, et arma
        Militibus sine caede, dixit,

Direpta vidi; vidi ego civiam
Retorta tergo brachia libero,
    Portasque non clausas, et arva
        Marte coli populata nostro.

Auro repensus scilicet acrior
Miles redibit?—Flagitio additis
    Damnum. Neque amissos colores
        Lana refert medicata fuco:

Nec vera virtus, cum semel excidit,
Curat reponi deterioribus.
    Si pugnat extricata densis
        Cerva plagis, erit ille fortis,

Qui perfidis se credidit hostibus;
Et Marte Poenos proteret altero,
   Qui lora restrictis lacertis
      Sensit iners, timuitque mortem.

Hic, unde vitam sumeret, inscius,
Pacem duello miscuit.   O pudor!
   O magna Carthago, probrosis
      Altior Italiae ruinis!

Fertur pudicae conjugis osculum,
Parvosque natos, ut capitis minor,
   Ab se removisse, et virilem
      Torvus humi posuisse vultum;

Donec labantes consilio patres
Firmaret auctor nunquam alias dato,
   Interque maerentes amicos
      Egregius properaret exsul.

Atqui sciebat, quae sibi barbarus
Tortor pararet: non aliter tamen
   Dimovit obstantes propinquos,
      Et populum reditus morantem,

Quam si clientum longa negotia
Dijudicata lite relinqueret,
   Tendens Venafranos in agros
      Aut Lacedaemonium Tarentum.

                HORACE, *Odes*, iii. 5.

(35)

Oh! for the good old times, the strength, the modesty, the courage! Our blood is tainted; each generation is worse than the last. Our home life is not that which reared the Roman citizen in the brave days of old. What remedy?

    DELICTA majorum immeritus lues,
    Romane, donec templa refeceris
        Aedesque labentes deorum, et
            Foeda nigro simulacra fumo.

5   Dis te minorem quod geris, imperas:
    Hinc omne principium, huc refer exitum.
        Di multa neglecti dederunt
            Hesperiae mala luctuosae.

    Jam bis Monaeses et Pacori manus
10   Non auspicatos contudit impetus
        Nostros, et adjecisse praedam
            Torquibus exiguis renidet.

    Paene, occupatam seditionibus,
    Delevit Urbem Dacus et Aethiops;
15   Hic classe formidatus, ille
           Missilibus melior sagittis.

PART FOURTH

(30)

Above all human greatness is that which is greater still: men may differ, each from each, in wealth and rank, but death makes no distinction. Luxury is not Happiness, nor does sweet sleep forsake the cottage for the palace. I am quite contented with my happy Sabine farm.

 ODI profanum vulgus, et arceo :
 Favete linguis ; carmina non prius
  Audita Musarum sacerdos
   Virginibus puerisque canto.

 Regum timendorum in proprios greges,
 Reges in ipsos imperium est Jovis,
  Clari Giganteo triumpho,
   Cuncta supercilio moventis.

(36)

Dry these tears, Asterie; Gyges will come back with the first breath of Zephyr. Thou art not forgotten; he lies awake at night and thinks of thee. No other love can tempt him. Art thou as constant as he? Beware!

Quid fles, Asterie, quem tibi candidi
Primo restituent vere Favonii,
   Thyna merce beatum,
      Constantis juvenem fide

5 Gygen? Ille Notis actus ad Oricum
Post insana Caprae sidera frigidas
   Noctes non sine multis
      Insomnis lacrimis agit.

Atqui sollicitae nuntius hospitae,
10 Suspirare Chloën et miseram tuis
   Dicens ignibus uri,
      Tentat mille vafer modis:

Ut Proetum mulier perfida credulum
Falsis impulerit criminibus nimis
15   Casto Bellerophonti
      Maturare necem refert.

Narrat paene datum Pelea Tartaro,
Magnessam Hippolyten dum fugit abstinens;
   Et peccare docentes
      Fallax historias movet: 20

Frustra: nam, scopulis surdior Icari
Voces audit adhuc integer.   At tibi
   Ne vicinus Enipeus
      Plus justo placeat cave;

Quamvis non alius flectere equum sciens   25
Aeque conspicitur gramine Martio,
   Nec quisquam citus aeque
      Tusco denatat alveo.

Prima nocte domum claude, neque in vias
Sub cantu querulae despice tibiae;   30
   Et te saepe vocanti
      Duram difficilis mane.
                  HORACE, *Odes*, iii. 7.

(37)

This is the Matrons' holiday; what shall an old bachelor do with himself? Maecenas, let us spend the hours together: we will bring out the oldest, mellowest wine, and forget for a while the cares of state.

    Martiis caelebs quid agam Calendis,
    Quid velint flores et acerra thuris
    Plena, miraris, positusque carbo in
        Cespite vivo,

5   Docte sermones utriusque linguae :
    Voveram dulces epulas et album
    Libero caprum, prope funeratus
        Arboris ictu.

    Hic dies, anno redeunte festus,
10   Corticem adstrictum pice dimovebit
    Amphorae fumum bibere institutae
        Consule Tullo.

    Sume, Maecenas, cyathos amici
    Sospitis centum, et vigiles lucernas
15   Perfer in lucem : procul omnis esto
        Clamor et ira.

Mitte civiles super urbe curas :
Occidit Daci Cotisonis agmen :
Medus infestus sibi luctuosis
    Dissidet armis :

Servit Hispanae vetus hostis orae
Cantaber, sera domitus catena :
Jam Scythae laxo meditantur arcu
    Cedere campis.

Negligens, ne qua populus laboret,
Parce privatus nimium cavere ; et
Dona praesentis cape laetus horae, ac
    Linque severa.

HORACE, *Odes*, iii. 8.

(38)

Amantium irae amoris integratio est.

HORATIUS

DONEC gratus eram tibi,
  Nec quisquam potior brachia candidae
Cervici juvenis dabat ;
  Persarum vigui rege beatior.

LYDIA

Donec non alia magis
    Arsisti neque erat Lydia post Chloën,
Multi Lydia nominis
    Romana vigui clarior Ilia.

HORATIUS

Me nunc Thressa Chloë regit,
    Dulces docta modos, et citharae sciens;
Pro qua non metuam mori,
    Si parcent animae fata superstiti.

LYDIA

Me torret face mutua
    Thurini Calais filius Ornyti ;
Pro quo bis patiar mori,
    Si parcent puero fata superstiti.

HORATIUS

Quid, si prisca redit Venus,
    Diductosque jugo cogit aëneo?
Si flava excutitur Chloë
    Rejectaeque patet janua Lydiae?

LYDIA

Quanquam sidere pulchrior
  Ille est, tu levior cortice, et improbo
Iracundior Adria;
  Tecum vivere amem, tecum obeam libens.
                    HORACE, *Odes*, iii. 9.

(39)

Great is the power of gold; old stories prove it. Care follows in the train of gold, care and avarice. But I am content with my little farm, and to 'drink the waters of my crystal spring;' for

  '*He that patiently want's burden bears,
  No burden bears, but is a King! a King!*'

INCLUSAM Danaen turris aenëa,
Robustaeque fores et vigilum canum
  Tristes excubiae, munierant satis
    Nocturnis ab adulteris,

Si non Acrisium, virginis abditae   5
Custodem pavidum, Jupiter et Venus
  Risissent: fore enim tutum iter et patens
    Converso in pretium deo.

Insultet armentum, et catulos ferae
Celent inultae, stet Capitolium
   Fulgens, triumphatisque possit
     Roma ferox dare jura Medis.

Horrenda late nomen in ultimas
Extendat oras, qua medius liquor
   Secernit Europen ab Afro,
     Qua tumidus rigat arva Nilus,

Aurum irrepertum, et sic melius situm,
Cum terra celat, spernere fortior,
   Quam cogere humanos in usus
     Omne sacrum rapiente dextra.

Quicumque mundo terminus obstitit,
Hunc tangat armis, visere gestiens
   Qua parte debacchentur ignes
     Qua nebulae pluviique rores.

Sed bellicosis fata Quiritibus
Hac lege dico, ne, nimium pii
   Rebusque fidentes, avitae
     Tecta velint reparare Trojae.

Trojae renascens alite lugubri
Fortuna tristi clade iterabitur,
   Ducente victrices catervas
     Conjuge me Jovis et sorore.

Quamquam nec Calabrae mella ferunt apes,
Nec Laestrygonia Bacchus in amphora
   Languescit mihi, nec pinguia Gallicis   35
      Crescunt vellera pascuis,

Importuna tamen pauperies abest,
Nec, si plura velim, tu dare deneges.
   Contracto melius parva cupidine
      Vectigalia porrigam,   40

Quam si Mygdoniis regnum Alyattei
Campis continuem.   Multa petentibus
   Desunt multa. Bene est, cui deus obtulit
      Parca quod satis est manu.
                   HORACE, *Odes*, iii. 16.

(40)

Old cask of Massic, filled when I was born, thou shalt be broached this day, in honour of Corvinus. He is a philosopher, but what then ? Old Cato loved a cup of wine. We will keep up the carouse till the stars pale before the morn.

O NATA mecum consule Manlio,
Seu tu querelas, sive geris jocos,
   Seu rixam et insanos amores,
      Seu facilem, pia testa, somnum ;

5 Quocumque lectum nomine Massicum
   Servas, moveri digna bono die,
      Descende, Corvino jubente
         Promere languidiora vina.

   Non ille, quamquam Socraticis madet
10 Sermonibus, te negliget horridus:
      Narratur et prisci Catonis
         Saepe mero caluisse virtus.

   Tu lene tormentum ingenio admoves
   Plerumque duro: tu sapientium
15   Curas et arcanum jocoso
         Consilium retigis Lyaeo:

   Tu spem reducis mentibus anxiis,
   Viresque; et addis cornua pauperi,
      Post te neque iratos trementi
20   Regum apices neque militum arma.

   Te Liber, et, si laeta aderit, Venus,
   Segnesque nodum solvere Gratiae,
      Vivaeque producent lucernae,
         Dum rediens fugat astra Phoebus.

                              HORACE, *Odes*, iii. 21.

(41)

Simple Phidyle, the gods accept humble gifts from humble folk. Leave costly sacrifices to the rich and great. Crown thy little images with garlands of rosemary and myrtle: what need of more to win heaven's favour?

    CAELO supinas si tuleris manus
    Nascente Luna, rustica Phidyle;
       Si thure placaris et horna
          Fruge Lares, avidaque porca;

    Nec pestilentem sentiet Africum   5
    Fecunda vitis, nec sterilem seges
       Robiginem, aut dulces alumni
          Pomifero grave tempus anno.

    Nam quae nivali pascitur Algido
    Devota quercus inter et ilices   10
       Aut crescit Albanis in herbis
          Victima pontificum secures

    Cervice tinget.   Te nihil attinet
    Tentare multa caede bidentium
       Parvos coronantem marino   15
          Rore deos fragilique myrto.

Immunis aram si tetigit manus,
Non sumptuosa blandior hostia
Mollivit aversos Penates
    Farre pio et saliente mica.

HORACE, *Odes*, iii. 23.

(42)

The rich who live in palaces escape not care nor death How much happier live the primitive folk of the desert! no vice, nor tainted homes are there. Statesman among Statesmen would he be—the true father of his country—who could check the license of our wicked times. Let us fling our gold and jewels into the sea, and train our young Romans in a sterner school.

INTACTIS opulentior
    Thesauris Arabum et divitis Indiae
Caementis licet occupes
    Tyrrhenum omne tuis et mare Apulicum,
Si figit adamantinos
    Summis verticibus dira Necessitas
Clavos, non animum metu,
    Non mortis laqueis expedies caput.

Campestres melius Scythae,
    Quorum plaustra vagas rite trahunt domos,   10
Vivunt et rigidi Getae,
    Immetata quibus jugera liberas

Fruges et Cererem ferunt,
    Nec cultura placet longior annua,
Defunctumque laboribus   15
    Aequali recreat sorte vicarius.

Illic matre carentibus
    Privignis mulier temperat innocens,
Nec dotata regit virum
    Conjux nec nitido fidit adultero.   20

Dos est magna parentium
    Virtus et metuens alterius viri
Certo foedere castitas,
    Et peccare nefas aut pretium est mori.

O quisquis volet impias   25
    Caedes et rabiem tollere civicam,
Si quaeret PATER VRBIVM
    Subscribi statuis, indomitam audeat

Refrenare licentiam,
    Clarus postgenitis; quatenus (heu nefas!)   30
Virtutem incolumem odimus,
    Sublatam ex oculis quaerimus invidi.

G

Quid tristes querimoniae,
  Si non supplicio culpa reciditur?
Quid leges sine moribus
  Vanae proficiunt, si neque fervidis
Pars inclusa caloribus
  Mundi nec boreae finitimum latus,
Durataeque solo nives
  Mercatorem abigunt, horrida callidi
Vincunt aequora navitae,
  Magnum pauperies opprobrium jubet
Quidvis et facere et pati,
  Virtutisque viam deserit arduae?
Vel nos in Capitolium,
  Quo clamor vocat et turba faventium,
Vel nos in mare proximum
  Gemmas et lapides, aurum et inutile,
Summi materiem mali,
  Mittamus, scelerum si bene poenitet.
Eradenda cupidinis
  Pravi sunt elementa, et tenerae nimis
Mentes asperioribus
  Formandae studiis.   Nescit equo rudis
Haerere ingenuus puer
  Venarique timet, ludere doctior,

Seu Graeco jubeas trocho
    Seu malis vetita legibus alea,
  Cum perjura patris fides
    Consortem socium fallat et hospitem   60

  Indignoque pecuniam
    Heredi properet.   Scilicet improbae
  Crescunt divitiae ; tamen
    Curtae nescio quid semper abest rei.
                              HORACE, *Odes*, iii. 24.

(43)

Maecenas, why linger thus in the noisy streets of luxurious Rome ? Tibur is within sight of thy palace ; hither come and join me ; all is ready for thy welcome ; the wine and the roses await thy coming. Change is ever grateful, even a change to simple fare. The dog days are at hand, and yet thou art still intent on politics ! Hear my philosophy ! Live in the present ; the future is uncertain and unknown.

  TYRRHENA regum progenies, tibi
  Non ante verso lene merum cado
    Cum flore, Maecenas, rosarum, et
      Pressa tuis balanus capillis

5   Jamdudum apud me est. Eripe te morae ;
    Ne semper udum Tibur et Aesulae
       Declive contempleris arvum et
          Telegoni juga parricidae.

    Fastidiosam desere copiam et
10 Molem propinquam nubibus arduis :
       Omitte mirari beatae
          Fumum et opes strepitumque Romae.

    Plerumque gratae divitibus vices
    Mundaeque parvo sub lare pauperum
15   Coenae sine aulaeis et ostro
          Sollicitam explicuere frontem.

    Jam clarus occultum Andromedae pater
    Ostendit ignem, jam Procyon furit
       Et stella vesani Leonis,
20   Sole dies referente siccos :

    Jam pastor umbras cum grege languido
    Rivumque fessus quaerit et horridi
       Dumeta Silvani ; caretque
          Ripa vagis taciturna ventis.

25 Tu, civitatem quis deceat status,
    Curas, et Urbi sollicitus times,
       Quid Seres et regnata Cyro
          Bactra parent Tanaisque discors.

Prudens futuri temporis exitum
Caliginosa nocte premit Deus,   30
  Ridetque, si mortalis ultra
    Fas trepidat. Quod adest memento

Componere aequus : cetera fluminis
Ritu feruntur, nunc medio alveo
  Cum pace delabentis Etruscum   35
    In mare, nunc lapides adesos

Stirpesque raptas et pecus et domos
Volventis una, non sine montium
  Clamore vicinaeque silvae,
    Cum fera diluvies quietos   40

Irritat amnes. Ille potens sui
Laetusque deget, cui licet in diem
  Dixisse, Vixi : cras vel atra
    Nube polum Pater occupato,

Vel sole puro : non tamen irritum,   45
Quodcumque retro est, efficiet, neque
  Diffinget infectumque reddet,
    Quod fugiens semel hora vexit.

Fortuna saevo laeta negotio et
Ludum insolentem ludere pertinax   50
  Transmutat incertos honores,
    Nunc mihi, nunc alii benigna.

Laudo manentem : si celeres quatit
Pennas, resigno quae dedit et mea
    Virtute me involvo probamque
        Pauperiem sine dote quaero.

Non est meum, si mugiat Africis
Malus procellis, ad miseras preces
    Decurrere, et votis pacisci,
        Ne Cypriae Tyriaeque merces

Addant avaro divitias mari.
Tunc me biremis praesidio scaphae
    Tutum per Aegaeos tumultus
        Aura feret geminusque Pollux.

                HORACE, *Odes*, iii. 29.

(44)

My work is done; my fame is won; while Rome abides, my name will live as her lyric poet. Muse, bind on my brows the crown.

EXEGI monumentum aere perennius
Regalique situ pyramidum altius ;
Quod non imber edax, non Aquilo impotens
Possit diruere, aut innumerabilis
    Annorum series, et fuga temporum.
Non omnis moriar ; multaque pars mei

Vitabit Libitinam : usque ego postera
Crescam laude recens, dum Capitolium
Scandet cum tacita Virgine pontifex.
Dicar, qua violens obstrepit Aufidus   10
Et qua pauper aquae Daunus agrestium
Regnavit populorum, ex humili potens
Princeps Aeolium carmen ad Italos
Deduxisse modos.   Sume superbiam
Quaesitam meritis, et mihi Delphica   15
Lauro cinge volens, Melpomene, comam.

      HORACE, *Odes*, iii. 30.

(45)

The poet lives a life apart. Not for him are the soldier's triumph and the Isthmian garland, but the falls of Anio and the leafy woods and the glory of song. Rome is mistress of the world, and I am her poet. All thanks to Melpomene, to whom I owe my inspiration and my fame.

QUEM tu, Melpomene, semel
 Nascentem placido lumine videris,
Illum non labor Isthmius
 Clarabit pugilem, non equus impiger

  Curru ducet Achaico
   Victorem, neque res bellica Deliis
  Ornatum foliis ducem,
   Quod regum tumidas contuderit minas,

  Ostendet Capitolio :
   Sed quae Tibur aquae fertile praefluunt
  Et spissae memorum comae
   Fingent Aeolio carmine nobilem.

  Romae principis urbium
   Dignatur suboles inter amabiles
  Vatum ponere me choros,
   Et jam dente minus mordeor invido.

  O testudinis aureae
   Dulcem quae strepitum, Pieri, temperas,
  O mutis quoque piscibus
   Donatura cycni, si libeat, sonum,

  Totum muneris hoc tui est,
   Quod monstror digito praetereuntium
  Romanae fidicen lyrae :
   Quod spiro et placeo, si placeo, tuum est.
        HORACE, *Odes*, iv. 3.

(46)

Noble both by inheritance and training is Drusus, our young general, victorious in the wars. Rome's debt to the Neros was witnessed by the great day of battle on the banks of Metaurus. Then Hannibal himself confessed that Rome was invincible. Her very trials gave her fresh heart and vigour. Strength and wisdom ruled her fortunes, then as now.

  QUALEM ministrum fulminis alitem,
  Cui rex Deorum regnum in aves vagas
   Permisit expertus fidelem
    Jupiter in Ganymede flavo,

  Olim juventas et patrius vigor   5
  Nido laborum propulit inscium,
   Vernique jam nimbis remotis
    Insolitos docuere nisus

  Venti paventem, mox in ovilia
  Demisit hostem vividus impetus,   10
   Nunc in reluctantes dracones
    Egit amor dapis atque pugnae

  Qualemve laetis caprea pascuis
  Intenta fulvae matris ab ubere
   Jam lacte depulsum leonem   15
    Dente novo peritura vidit :

Videre Rhaetis bella sub Alpibus
Drusum gerentem Vindelici; quibus
  Mos unde deductus per omne
    Tempus Amazonia securi

Dextras obarmet, quaerere distuli;
Nec scire fas est omnia: sed diu
  Lateque victrices catervae
    Consiliis juvenis revictae

Sensere, quid mens rite, quid indoles
Nutrita faustis sub penetralibus
  Posset, quid Augusti paternus
    In pueros animus Nerones.

Fortes creantur fortibus et bonis:
Est in juvencis, est in equis patrum
  Virtus, nec imbellem feroces
    Progenerant aquilae columbam:

Doctrina sed vim promovet insitam
Rectique cultus pectora roborant:
  Utcunque defecere mores,
    Indecorant bene nata culpae.

Quid debeas, o Roma, Neronibus,
Testis Metaurum flumen et Asdrubal
  Devictus, et pulcher fugatis
    Ille dies Latio tenebris,

Qui primus alma risit adorea,
Dirus per urbes Afer ut Italas
　　Ceu flamma per taedas vel Eurus
　　　　Per Siculas equitavit undas.

Post hoc secundis usque laboribus   45
Romana pubes crevit et impio
　　Vastata Poenorum tumultu
　　　　Fana Deos habuere rectos,

Dixitque tandem perfidus Hannibal:
Cervi, luporum praeda rapacium,   50
　　Sectamur ultro, quos opimus
　　　　Fallere et effugere est triumphus.

Gens, quae cremato fortis ab Ilio
Jactata Tuscis aequoribus, sacra,
Natosque maturosque patres   55
　　Pertulit Ausonias ad urbes,

Duris ut ilex tonsa bipennibus
Nigrae feraci frondis in Algido,
　　Per damna, per caedes ab ipso
　　　　Ducit opes animumque ferro.   60

Non Hydra secto corpore firmior
Vinci dolentem crevit in Herculem,
　　Monstrumve submisere Colchi
　　　　Majus Echioniaeve Thebae.

65   Merses profundo, pulchrior exiet:
     Luctere, multa proruit integrum
         Cum laude victorem geretque
             Proelia conjugibus loquenda.

     Carthagini jam non ego nuntios
70   Mittam superbos.   Occidit, occidit
         Spes omnis, et fortuna nostri
             Nominis, Asdrubale interempto.

     Nil Claudiae non perficient manus,
     Quas et benigno numine Jupiter
75   Defendit et curae sagaces
             Expediunt per acuta belli.
                         HORACE, *Odes*, iv. 4.

(47)

Return, Augustus; Senate and People claim thy promise. The day is dark, when thou art absent, and spring itself has no charm. What owe we not to thee, O Caesar? Peace and plenty, purity of life and manners, are all thy gift. Long life to Caesar!

DIVIS orte bonis, optime Romulae
Custos gentis, abes jam nimium diu:
Maturum reditum pollicitus patrum
    Sancto concilio redi.

Lucem redde tuae, dux bone, patriae; 5
Instar veris enim vultus ubi tuus
Affulsit populo, gratior it dies
   Et soles melius nitent.

Ut mater juvenem, quem Notus invido
Flatu, Carpathii trans maris aequora 10
Cunctantem spatio longius annuo
   Dulci distinet a domo,

Votis ominibusque et precibus vocat,
Curvo nec faciem litore dimovet;
Sic desideriis icta fidelibus 15
   Quaerit patria Caesarem.

Tutus bos etenim rura perambulat,
Nutrit rura Ceres almaque Faustitas,
Pacatum volitant per mare navitae,
   Culpari metuit Fides; 20

Nullis polluitur casta domus stupris,
Mos et lex maculosum edomuit nefas,
Laudantur simili prole puerperae,
   Culpam poena premit comes.

Quis Parthum paveat, quis gelidum Scythen, 25
Quis Germania quos horrida parturit
Fetus incolumi Caesare? quis ferae
   Bellum curet Iberiae?

Condit quisque diem collibus in suis,
Et vitem viduas ducit ad arbores;
Hinc ad vina redit laetus et alteris
 Te mensis adhibet Deum:

Te multa prece, te prosequitur mero
Defuso pateris, et Laribus tuum
Miscet numen, uti Graecia Castoris
 Et magni memor Herculis.

Longas o utinam, dux bone, ferias
Praestes Hesperiae! dicimus integro
Sicci mane die, dicimus uvidi,
 Cum Sol Oceano subest.

HORACE, *Odes*, iv. 5.

(48)

Spring once more; the trees are green, the fields with verdure clad. Seasons return, and this is the lesson which they teach:

'*Suns that set and moons that wane,*
Rise and are restored again;
Herbs and flowers, the beauteous birth
Of the genial womb of earth,

*Suffer but a transient death
From the winter's cruel breath:
We, alas, earth's haughty kings,
We that promise mighty things
Losing soon life's happy prime
Droop and fade in little time:
Spring returns, but not our bloom;
Still 'tis winter in the tomb.'*

DIFFUGERE nives, redeunt jam gramina campis,
    Arboribusque comae:
Mutat terra vices et decrescentia ripas
    Flumina praetereunt:

Gratia cum Nymphis geminisque sororibus audet   5
    Ducere nuda choros.
Inmortalia ne speres, monet annus et almum
    Quae rapit hora diem.

Frigora mitescunt Zephyris: ver proterit aestas
    Interitura, simul   10
Pomifer autumnus fruges effuderit, et mox
    Bruma recurrit iners.

Damna tamen celeres reparant caelestia lunae:
    Nos, ubi decidimus,
Quo pater Aeneas, quo dives Tullus et Ancus,   15
    Pulvis et umbra sumus.

Quis scit an adjiciant hodiernae crastina summae
   Tempora Di superi?
Cuncta manus avidas fugient heredis, amico
20   Quae dederis animo.

Cum semel occideris et de te splendida Minos
   Fecerit arbitria,
Non, Torquate, genus, non te facundia, non te
   Restituet pietas:

25 Infernis neque enim tenebris Diana pudicum
   Liberat Hippolytum,
Nec Lethaea valet Theseus abrumpere caro
   Vincula Pirithoo.

                              HORACE, *Odes*, iv. 7.

PART FIFTH

(49)

Death is not an evil to good men. The wicked, when they die, wander in a ghostly wilderness, far from heaven and the happy regions of the blest, but the good are reunited to the Gods, whom they have striven to imitate in their lives. So, at least, said Socrates, and so thought our own Cato.

His et talibus rationibus adductus, Socrates nec patronum quaesivit ad judicium capitis, nec judicibus supplex fuit: adhibuitque liberam contumaciam, a magnitudine animi ductam, non a superbia: et supremo vitae die de hoc ipso multa disseruit, et 5 paucis ante diebus, cum facile posset educi e custodia, noluit; et quum paene in manu jam mortiferum illud teneret poculum, locutus ita est, ut non ad mortem trudi, verum in caelum videretur

10 escendere. Ita enim censebat, itaque disseruit:
duas esse vias duplicisque cursus animorum e corpore excedentium. Nam qui se humanis vitiis contaminavissent, et se totos libidinibus dedissent, quibus caecati vel domesticis vitiis atque flagitiis se
15 inquinavissent, vel re publica violanda fraudes inexpiabiles concepissent, iis devium quoddam iter esse, seclusum a concilio deorum; qui autem se integros castosque servavissent, quibusque fuisset minima cum corporibus contagio, seseque ab his semper se-
20 vocavissent, essentque in corporibus humanis vitam imitati deorum; his ad illos, a quibus essent profecti, reditum facilem patere. Itaque commemorat, ut cygni, qui non sine causa Apollini dicati sint, sed quod ab eo divinationem habere videantur, qua pro-
25 videntes, quid in morte boni sit, cum cantu et voluptate moriantur, sic omnibus bonis et doctis esse faciendum. Nec vero de hoc quisquam dubitare posset, nisi idem nobis accideret, diligenter de animo cogitantibus, quod iis saepe usu venit,
30 qui [cum] acriter oculis deficientem solem intuerentur, ut aspectum omnino amitterent: sic mentis acies se ipsa intuens non numquam hebescit; ob eamque causam contemplandi diligentiam amittimus.
    Itaque dubitans, circumspectans, haesitans, multa
35 adversa reverens, tamquam in rate, in mari inmenso

nostra vehitur oratio. Sed haec et vetera et a Graecis. Cato autem sic abiit e vita, ut causam moriendi nactum se esse gauderet. Vetat enim dominans ille in nobis deus injussu hinc nos suo demigrare; cum vero causam justam deus ipse 40 dederit, ut tunc Socrati, nunc Catoni, saepe multis; ne ille, medius fidius, vir sapiens laetus ex his tenebris in lucem illam excesserit. Nec tamen illa vincla carceris ruperit—leges enim vetant—, sed tamquam a magistratu aut ab aliqua potestate legitima, sic a 45 deo evocatus atque emissus exierit. Tota enim philosophorum vita, ut ait idem, commentatio mortis est. Nam quid aliud agimus, cum a voluptate, id est, a corpore, cum a re familiari, quae est ministra et famula corporis, cum a re publica, cum a negotio 50 omni sevocamus animum? Quid, inquam, tum agimus, nisi animum ad se ipsum advocamus, secum esse cogimus maximeque a corpore abducimus? Secernere autem a corpore animum ecquid aliud est quam mori discere? Qua re hoc commentemur, mihi 55 crede; disjungamusque nos a corporibus, id est, consuescamus mori.

CICERO, *Tusculans*, i. 29-31.

(50)

If philosophers are right, and the blessed dead still live in another world, may the spirit of Agricola rest there in peace. He has left to us and to all those who love him the consolation of his memory, and the eternal monument of his fame.

Si quis piorum Manibus locus, si, ut sapientibus placet, non cum corpore exstinguuntur magnae animae, placide quiescas, nosque, domum tuam, ab infirmo desiderio et muliebribus lamentis, ad con-
5 templationem virtutum tuarum voces, quas neque lugeri neque plangi fas est. Admiratione te potius quam immortalibus laudibus, et, si natura suppeditet, similitudine decoremus. Is verus honos, ea conjunctissimi cujusque pietas. Id filiae quoque uxorique
10 praeceperim, sic patris, sic mariti memoriam venerari, ut omnia facta dictaque ejus secum revolvant, formamque ac figuram animi magis quam corporis complectantur; non quia intercedendum putem imaginibus quae marmore aut aere finguntur, sed ut vultus
15 hominum, ita simulacra vultus inbecilla ac mortalia sunt, forma mentis aeterna, quam tenere et exprimere non per alienam materiam et artem, sed tuis

ipse moribus possis. Quidquid ex Agricola amavimus, quidquid mirati sumus, manet mansurumque est in animis hominum, in aeternitate temporum, fama rerum. Nam multos veterum, velut inglorios et ignobiles, oblivio obruet: Agricola, posteritati narratus et traditus, superstes erit.

TACITUS, *Agricola*, 46.

(51)

Great is the debt which busy lawyers owe to literature. Wearied with the thousand cares and distractions of public life, they fly from the noisy court to the quiet study for consolation and refreshment. From books they draw ensamples of lofty aims and noble lives.

QUAERES a nobis, Grati, cur tanto opere hoc homine delectemur. Quia suppeditat nobis, ubi et animus ex hoc forensi strepitu reficiatur et aures convitio defessae conquiescant. An tu existimas, aut suppetere nobis posse, quod cotidie dicamus, in tanta varietate rerum, nisi animos nostros doctrina excolamus, aut ferre animos tantam posse contentionem, nisi eos doctrina eadem relaxemus? Ego vero fateor, me his

studiis esse deditum: ceteros pudeat, si qui se ita
10 litteris abdiderunt, ut nihil possint ex his neque ad
communem adferre fructum, neque in aspectum lucemque proferre. Me autem quid pudeat, qui tot annos
ita vivo, judices, ut a nullius umquam me tempore
aut commodo aut otium meum abstraxerit aut volup-
15 tas avocarit aut denique somnus retardarit? Qua re
quis tandem me reprehendat aut quis mihi jure
succenseat, si, quantum ceteris ad suas res obeundas,
quantum ad festos dies ludorum celebrandos, quantum ad alias voluptates, et ad ipsam requiem animi
20 et corporis conceditur temporum quantum alii tribu-
unt tempestivis conviviis, quantum denique aleae,
quantum pilae, tantum mihi egomet ad haec studia
recolenda sumpsero? Atque hoc adeo mihi conce-
dendum est magis, quod ex his studiis haec quoque
25 crescit oratio et facultas; quae quantacumque in me
est, numquam amicorum periculis defuit. Quae si
cui levior videtur: illa quidem certe, quae summa
sunt, ex quo fonte hauriam, sentio. Nam nisi multo-
rum praeceptis multisque litteris mihi ab adolescentia
30 suasissem, nihil esse in vita magno opere expetendum,
nisi laudem atque honestatem; in ea autem perse-
quenda omnes cruciatus corporis, omnia pericula
mortis atque exsilii parvi esse ducenda: numquam
me pro salute vestra in tot ac tantas dimicationes

atque in hos profligatorum hominum cotidianos 35
impetus objecissem. Sed pleni sunt omnes libri,
plenae sapientium voces, plena exemplorum vetustas:
quae jacerent in tenebris omnia, nisi litterarum lumen
accederet. Quam multas nobis imagines non solum
ad intuendum, verum etiam ad imitandum, fortis- 40
simorum virorum expressas, scriptores et Graeci
et Latini reliquerunt! Quas ego mihi semper in
administranda re publica proponens, animum et
mentem meam ipsa cogitatione hominum excellen-
tium conformabam. 45

    CICERO, *Pro Archiâ*, §§ 12-14.

(52)

The Self Tormentor.

CH. Quamquam haec inter nos nupera notitia admo-
  dumst,
 (Inde adeo quo*m* agrum in proxumo hic mer-
  catus es)
 Nec rei fere sane amplius quicquam fuit:
 Tamen uel uirtus tua me, uel uicinitas,
 Quod ego in propinqua parte amicitiae puto, 5
 Facit ut te audacter moneam et familiariter,
 Quod mihi uidere praeter aetatem tuam
 Facere, et praeter quam res te adhortatur tua.

Nam pro Deum atque hominum fidem, quid uis
tibi?
Quid quaeris? annos sexaginta natus es,
Aut plus eo ut conjicio; agrum in his regionibus
Meliorem, neque preti majoris, nemo habet;
Seruos complures: proinde quasi nemo siet,
Ita tute attente illorum officia fungere.
Nunquam tam mane egredior, neque tam uesperi
Domum reuortor, quin te in fundo conspicer
Fodere aut arare aut aliquid ferre. Denique
Nullum remittis tempus, neque te respicis.
Haec non uoluptati tibi esse satis certo scio.
'At enim' dices 'quantum hic operis fiat,
paenitet.'
Quod in opere faciendo operae consumis tuae,
Si sumas in illis exercendis, plus agas.

ME. Chreme, tantumne est ab re tua oti tibi,
Aliena ut cures eaque quae nihil ad te attinent?

CH. Homo sum: humani nil a me alienum puto.
Vel me monere hoc, uel percontari puta:
Rectumst? ego ut faciam; non est? te ut deterream.

ME. Mihi sic est usus: tibi ut opus factost, face.

CH. An quoiquamst usus homini se ut cruciet?

ME. Mihi.

     TERENCE, *Heaut.*, Act i. Scene i.

(53)

Hannibal decides to cross the Alps.

Dum elephanti trajiciuntur, interim Hannibal Numidas equites quingentos ad castra Romana miserat speculatum, ubi et quantae copiae essent et quid pararent. Huic alae equitum missi, ut ante dictum est, ab ostio Rhodani trecenti Romanorum 5 equites occurrunt: proelium atrocius quam pro numero pugnantium editur: nam praeter multa vulnera caedes etiam prope par utrimque fuit, fugaque et pavor Numidarum Romanis jam admodum fessis victoriam dedit. Victores ad centum sexaginta nec 10 omnes Romani sed pars Gallorum, victi amplius ducenti ceciderunt. Hoc principium simul omenque belli ut summae rerum prosperum eventum, ita haud sane incruentam ancipitisque certaminis victoriam Romanis portendit. 15

Ut re ita gesta ad utrumque ducem sui redierunt, nec Scipioni stare sententia poterat, nisi ut ex consiliis coeptisque hostis et ipse conatus caperet; et Hannibalem incertum, utrum coeptum in Italiam intenderet iter an cum eo, qui primus se obtulisset 20 Romanus exercitus, manus consereret, avertit a prae-

senti certamine Boiorum legatorum regulique Magali
adventus, qui se duces itinerum socios periculi fore
affirmantes integro bello nusquam ante libatis viribus
25 Italiam aggrediendam censent. Multitudo timebat
quidem hostem nondum oblitterata memoria superi-
oris belli, sed magis iter immensum Alpesque, rem
fama utique inexpertis horrendam, metuebat. Itaque
Hannibal, postquam ipsi sententia stetit pergere ire
30 atque Italiam petere, advocata concione varie militum
versat animos castigando adhortandoque : mirari se,
quinam pectora semper impavida repens terror in-
vaserit : per tot annos vincentes eos stipendia facere
neque ante Hispania excessisse quam omnes gen-
35 tesque et terrae eae, quas duo diversa maria amplec-
tantur, ′Carthaginiensium essent : indignatos deinde
quod quicunque Saguntum obsedissent, velut ob
noxam sibi dedi postularet populus Romanus, Iberum
trajecisse ad delendum nomen Romanorum liberan-
40 dumque orbem terrarum. Tum nemini visum id
longum, cum ab occasu solis ad exortus intenderent
iter : nunc, postquam multo majorem partem itineris
emensam cernant, Pyrenaeum saltum inter ferocis-
simas gentes superatum, Rhodanum tantum amnem
45 tot millibus Gallorum prohibentibus, domita etiam
ipsius fluminis vi trajectum, in conspectu Alpes
habeant, quarum alterum latus Italiae sit, in ipsis

portis hostium fatigatos subsistere, quid Alpes aliud esse credentes quam montium altitudines? Fingerent altiores Pyrenaei jugis : nullas profecto terras caelum contingere nec inexsuperabiles humano generi esse. Alpes quidem habitari, coli, gignere atque alere animantes : pervias paucis esse, exercitibus invias? Eos ipsos, quos cernant, legatos non pennis sublime elatos Alpes transgressos : ne majores quidem eorum indigenas, sed advenas Italiae cultores has ipsas Alpes ingentibus saepe agminibus cum liberis ac conjugibus migrantium modo tuto transmisisse. Militi quidem armato nihil secum praeter instrumenta belli portanti quid invium aut inexsuperabile esse? Saguntum ut caperetur, quid per octo menses periculi, quid laboris exhaustum esse? Romam, caput orbis terrarum, petentibus quicquam adeo asperum atque arduum videri, quod inceptum moretur? Cepisse quondam Gallos ea quae adiri posse Poenus desperet. Proinde aut cederent animo atque virtute genti per eos dies toties ab se victae, aut itineris finem sperent campum interjacentem Tiberi ac moenibus Romanis.

LIVY, xxi. 29-30.

(54)

Iphigenia prays for life.

εἰ μὲν τὸν Ὀρφέως εἶχον, ὦ πάτερ, λόγον,
πείθειν ἐπᾴδουσ', ὥσθ' ὁμαρτεῖν μοι πέτρας,
κηλεῖν τε τοῖς λόγοισιν οὓς ἐβουλόμην,
ἐνταῦθ' ἂν ἦλθον. νῦν δὲ τἀπ' ἐμοῦ σοφὰ,
5 δάκρυα παρέξω· ταῦτα γὰρ δυναίμεθ' ἄν.
ἱκετηρίαν δὲ γόνασιν ἐξάπτω σέθεν
τὸ σῶμα τοὐμόν, ὅπερ ἔτικτεν ἥδε σοι,
μή μ' ἀπολέσῃς ἄωρον· ἡδὺ γὰρ τὸ φῶς
βλέπειν· τὰ δ' ὑπὸ γῆν μή μ' ἰδεῖν ἀναγκάσῃς.
10 πρώτη σ' ἐκάλεσα πατέρα, καὶ σὺ παῖδ' ἐμέ·
πρώτη δὲ γόνασι σοῖσι σῶμα δοῦσ' ἐμὸν
φίλας χάριτας ἔδωκα κἀντεδεξάμην.
λόγος δ' ὁ μὲν σὸς ἦν ὅδ'· „ἆρά σ', ὦ τέκνον,
εὐδαίμον' ἀνδρὸς ἐν δόμοισιν ὄψομαι,
15 ζῶσάν τε καὶ θάλλουσαν ἀξίως ἐμοῦ;"
οὑμὸς δ' ὅδ' ἦν αὖ, περὶ σὸν ἐξαρτωμένης
γένειον, οὗ νῦν ἀντιλάζυμαι χερί·
„τί δ' ἆρ' ἐγὼ σέ, πρέσβυν ἆρ' ἐσδέξομαι
ἐμῶν φίλαισιν ὑποδοχαῖς δόμων, πάτερ,
20 πόνων τιθηνοὺς ἀποδιδοῦσά σοι τροφάς;"

τούτων ἐγὼ μὲν τῶν λόγων μνήμην ἔχω,
σὺ δ' ἐπιλέλησαι, καί μ' ἀποκτεῖναι θέλεις.
μὴ πρός σε Πέλοπος καὶ πρὸς Ἀτρέως πατρὸς
καὶ τῆσδε μητρὸς, ἣ πρὶν ὠδίνουσ' ἐμὲ
νῦν δευτέραν ὠδῖνα τήνδε λαμβάνει.   25
τί μοι μέτεστι τῶν Ἀλεξάνδρου γάμων
Ἑλένης τε, πόθεν ἦλθ' ἐπ' ὀλέθρῳ τὠμῷ, πάτερ;
βλέψον πρὸς ἡμᾶς, ὄμμα δὸς φιλήματε,
ἵν' ἀλλὰ τοῦτο κατθανοῦσ' ἔχω σέθεν
μνημεῖον, εἰ μὴ τοῖς ἐμοῖς πείθει λόγοις.   30
ἀδελφὲ, μικρὸς μὲν σύ γ' ἐπίκουρος φίλοις,
ὅμως δὲ συνδάκρυσον, ἱκέτευσον πατρὸς
τὴν σὴν ἀδελφὴν μὴ θανεῖν· αἴσθημά τι
κἀν νηπίοις γε τῶν κακῶν ἐγγίγνεται.
ἰδοὺ, σιωπῶν λίσσεταί σ' ὅδ', ὦ πάτερ.   35
ἀλλ' αἴδεσαί με καὶ κατοίκτειρον βίον.
                    EURIP. *Iph. Aulid.*, 1211-1246.

(55)
Freedom.

οὐδὲν τυράννου δυσμενέστερον πόλει,
ὅπου τὸ μὲν πρώτιστον οὐκ εἰσὶν νόμοι
κοινοί, κρατεῖ δ' εἷς τὸν νόμον κεκτημένος
αὐτὸς παρ' αὑτῷ, καὶ τόδ' οὐκέτ' ἔστ' ἴσον.

5   γεγραμμένων δὲ τῶν νόμων ὅ τ' ἀσθενὴς
     ὁ πλούσιός τε τὴν δίκην ἴσην ἔχει,
     νικᾷ δ' ὁ μείων τὸν μέγαν δίκαι' ἔχων.
     τοὐλεύθερον δ' ἐκεῖνο· τίς θέλει πόλει
     χρηστόν τι βούλευμ' ἐς μέσον φέρειν ἔχων;
10   καὶ ταῦθ' ὁ χρῄζων λαμπρός ἐσθ', ὁ μὴ θέλων
     σιγᾷ. τί τούτων ἔστ' ἰσαίτερον πόλει;
     καὶ μὴν ὅπου γε δῆμος εὐθυντὴς χθονός,
     ὑποῦσιν ἀστοῖς ἥδεται νεανίαις·
     ἀνὴρ δὲ βασιλεὺς ἐχθρὸν ἡγεῖται τόδε,
15   καὶ τοὺς ἀρίστους, οὓς ἂν ἡγῆται φρονεῖν,
     κτείνει, δεδοικὼς τῆς τυραννίδος πέρι.
     πῶς οὖν ἔτ' ἂν γένοιτ' ἂν ἰσχυρὰ πόλις,
     ὅταν τις ὡς λειμῶνος ἠρινοῦ στάχυν
     τόλμας ἀφαιρῇ κἀπολωτίζῃ νέους;
20   κτᾶσθαι δὲ πλοῦτον καὶ βίον τί δεῖ τέκνοις,
     ὡς τῷ τυράννῳ πλείον' ἐκμοχθῇ βίον;
                              EURIP. *Supplic.*, 429-449.

(56)

Medea plans her revenge.

κακῶς πέπρακται πανταχῇ· τίς ἀντερεῖ;
ἀλλ' οὔτι ταύτῃ ταῦτα, μὴ δοκεῖτέ πω.

ἔτ' εἴσ' ἀγῶνες τοῖς νεωστὶ νυμφίοις,
καὶ τοῖσι κηδεύσασιν οὐ σμικροὶ πόνοι.
δοκεῖς γὰρ ἄν με τόνδε θωπεῦσαί ποτε,   5
εἰ μή τι κερδαίνουσαν ἢ τεχνωμένην;
οὐδ' ἂν προσεῖπον οὐδ' ἂν ἡψάμην χεροῖν.
ὁ δ' ἐς τοσοῦτον μωρίας ἀφίκετο
ὥστ', ἐξὸν αὐτῷ τἄμ' ἑλεῖν βουλεύματα
γῆς ἐκβαλόντι, τήνδ' ἀφῆκεν ἡμέραν   10
μεῖναί μ', ἐν ᾗ τρεῖς τῶν ἐμῶν ἐχθρῶν νεκροὺς
θήσω, πατέρα τε καὶ κόρην πόσιν τ' ἐμόν.
πολλὰς δ' ἔχουσα θανασίμους αὐτοῖς ὁδοὺς
οὐκ οἶδ' ὁποίᾳ πρῶτον ἐγχειρῶ, φίλαι,
πότερον ὑφάψω δῶμα νυμφικὸν πυρί,   15
ἢ θηκτὸν ὤσω φάσγανον δι' ἥπατος,
σιγῇ δόμους ἐσβᾶσ' ἵν' ἔστρωται λέχος.
ἀλλ' ἕν τί μοι πρόσαντες· εἰ ληφθήσομαι
δόμους ὑπερβαίνουσα καὶ τεχνωμένη,
θανοῦσα θήσω τοῖς ἐμοῖς ἐχθροῖς γέλων.   20
κράτιστα τὴν εὐθεῖαν, ᾗ πεφύκαμεν
σοφαὶ μάλιστα, φαρμάκοις αὐτοὺς ἑλεῖν.
εἶεν·
καὶ δὴ τεθνᾶσι· τίς με δέξεται πόλις;
τίς γῆν ἄσυλον καὶ δόμους ἐχεγγύους   25
ξένος παρασχὼν ῥύσεται τοὐμὸν δέμας;

οὐκ ἔστι. μείνασ' οὖν ἔτι σμικρὸν χρόνον,
ἢν μέν τις ἡμῖν πύργος ἀσφαλὴς φανῇ,
δόλῳ μέτειμι τόνδε καὶ σιγῇ φόνον,
ἢν δ' ἐξελαύνῃ ξυμφορά μ' ἀμήχανος,
αὐτὴ ξίφος λαβοῦσα, κεἰ μέλλω θανεῖν,
κτενῶ σφε, τόλμης δ' εἶμι πρὸς τὸ καρτερόν.
οὐ γὰρ μὰ τὴν δέσποιναν, ἣν ἐγὼ σέβω
μάλιστα πάντων καὶ ξυνεργὸν εἱλόμην,
Ἑκάτην, μυχοῖς ναίουσαν ἑστίας ἐμῆς,
χαίρων τις αὐτῶν τοὐμὸν ἀλγυνεῖ κέαρ.
πικροὺς δ' ἐγώ σφιν καὶ λυγροὺς θήσω γάμους,
πικρὸν δὲ κῆδος καὶ φυγὰς ἐμὰς χθονός.
ἀλλ' εἶα· φείδου μηδὲν ὧν ἐπίστασαι,
Μήδεια, βουλεύουσα καὶ τεχνωμένη·
ἕρπ' ἐς τὸ δεινόν· νῦν ἀγὼν εὐψυχίας.
ὁρᾷς ἃ πάσχεις; οὐ γέλωτα δεῖ σ' ὀφλεῖν
τοῖς Σισυφείοις τοῖς τ' Ἰάσονος γάμοις,
γεγῶσαν ἐσθλοῦ πατρὸς Ἡλίου τ' ἄπο.
ἐπίστασαι δέ· πρὸς δὲ καὶ πεφύκαμεν
γυναῖκες, ἐς μὲν ἔσθλ' ἀμηχανώταται,
κακῶν δὲ πάντων τέκτονες σοφώταται.

EURIP. *Medea*, 364-408.

(57)

Love and Vengeance struggle for the mastery.

δράσω τάδ'. ἀλλὰ βαῖνε δωμάτων ἔσω,
καὶ παισὶ πόρσυν' οἷα χρὴ καθ' ἡμέραν.
ὦ τέκνα τέκνα, σφῷν μὲν ἔστι δὴ πόλις
καὶ δῶμ', ἐν ᾧ λιπόντες ἀθλίαν ἐμὲ
οἰκήσετ' ἀεὶ μητρὸς ἐστερημένοι·   5
ἐγὼ δ' ἐς ἄλλην γαῖαν εἶμι δὴ φυγὰς,
πρὶν σφῷν ὄνασθαι κἀπιδεῖν εὐδαίμονας,
πρὶν λέκτρα καὶ γυναῖκα καὶ γαμηλίους
εὐνὰς ἀγῆλαι λαμπάδας τ' ἀνασχεθεῖν.
ὦ δυστάλαινα τῆς ἐμῆς αὐθαδίας.   10
ἄλλως ἄρ' ὑμᾶς, ὦ τέκν', ἐξεθρεψάμην,
ἄλλως δ' ἐμόχθουν καὶ κατεξάνθην πόνοις,
στερρὰς ἐνεγκοῦσ' ἐν τόκοις ἀλγηδόνας.
ἦ μήν ποθ' ἡ δύστηνος εἶχον ἐλπίδας
πολλὰς ἐν ὑμῖν γηροβοσκήσειν τ' ἐμὲ   15
καὶ κατθανοῦσαν χερσὶν εὖ περιστελεῖν,
ζηλωτὸν ἀνθρώποισι· νῦν δ' ὄλωλε δὴ
γλυκεῖα φροντίς. σφῷν γὰρ ἐστερημένη
λυπρὸν διάξω βίοτον ἀλγεινόν τ' ἐμοί.
ὑμεῖς δὲ μητέρ' οὐκέτ' ὄμμασιν φίλοις   20
ὄψεσθ', ἐς ἄλλο σχῆμ' ἀποστάντες βίου.

φεῦ φεῦ· τί προσδέρκεσθέ μ' ὄμμασιν, τέκνα;
τί προσγελᾶτε τὸν πανύστατον γέλων;
αἰαῖ· τί δράσω; καρδία γὰρ οἴχεται,
γυναῖκες, ὄμμα φαιδρὸν ὡς εἶδον τέκνων.
οὐκ ἂν δυναίμην· χαιρέτω βουλεύματα
τὰ πρόσθεν· ἄξω παῖδας ἐκ γαίας ἐμούς.
τί δεῖ με πατέρα τῶνδε τοῖς τούτων κακοῖς
λυποῦσαν αὐτὴν δὶς τόσα κτᾶσθαι κακά;
οὐ δῆτ' ἔγωγε. χαιρέτω βουλεύματα.
καίτοι τί πάσχω; βούλομαι γέλωτ' ὀφλεῖν
ἐχθροὺς μεθεῖσα τοὺς ἐμοὺς ἀζημίους;
τολμητέον τάδ'. ἀλλὰ τῆς ἐμῆς κάκης,
τὸ καὶ προέσθαι μαλθακοὺς λόγους φρενί.
χωρεῖτε, παῖδες, ἐς δόμους· ὅτῳ δὲ μὴ
θέμις παρεῖναι τοῖς ἐμοῖσι θύμασιν,
αὐτῷ μελήσει· χεῖρα δ' οὐ διαφθερῶ.
ἆ ἆ.
μὴ δῆτα, θυμέ, μὴ σύ γ' ἐργάσῃ τάδε·
ἔασον αὐτούς, ὦ τάλαν, φεῖσαι τέκνων·
ἐκεῖ μεθ' ἡμῶν ζῶντες εὐφρανοῦσί σε.
μὰ τοὺς παρ' Ἅιδῃ νερτέρους ἀλάστορας,
οὔτοι ποτ' ἔσται τοῦθ' ὅπως ἐχθροῖς ἐγὼ
παῖδας παρήσω τοὺς ἐμοὺς καθυβρίσαι.
πάντως πέπρωται ταῦτα κοὐκ ἐκφεύξεται

καὶ δὴ 'πὶ κρατὶ στέφανος, ἐν πέπλοισί τε
νύμφη τύραννος ὄλλυται, σάφ' οἶδ' ἐγώ.
ἀλλ' εἶμι γὰρ δὴ τλημονεστάτην ὁδὸν,
καὶ τούσδε πέμψω τλημονεστέραν ἔτι,
παῖδας προσειπεῖν βούλομαι. δότ', ὦ τέκνα, 50
δότ' ἀσπάσασθαι μητρὶ δεξιὰν χέρα.
ὦ φιλτάτη χεὶρ, φίλτατον δέ μοι στόμα,
καὶ σχῆμα καὶ πρόσωπον εὐγενὲς τέκνων,
εὐδαιμονοῖτον, ἀλλ' ἐκεῖ· τὰ δ' ἐνθάδε
πατὴρ ἀφείλετ'· ὦ γλυκεῖα προσβολὴ, 55
ὦ μαλθακὸς χρὼς πνεῦμά θ' ἥδιστον τέκνων.
χωρεῖτε χωρεῖτ'· οὐκέτ' εἰμὶ προσβλέπειν
οἷα τ' ἐς ὑμᾶς, ἀλλὰ νικῶμαι κακοῖς.
καὶ μανθάνω μὲν οἷα δρᾶν μέλλω κακά·
θυμὸς δὲ κρείσσων τῶν ἐμῶν βουλευμάτων, 60
ὅσπερ μεγίστων αἴτιος κακῶν βροτοῖς.
     EURIP. *Medea*, 1019-1080.

(58)
Athens, the Eye of Greece.

Ἐρεχθεῖδαι τὸ παλαιὸν ὄλβιοι
καὶ θεῶν παῖδες μακάρων, ἱερᾶς
χώρας ἀπορθήτου τ' ἀποφερβόμενοι
κλεινοτάταν σοφίαν, ἀεὶ διὰ λαμπροτάτου

5 βαίνοντες ἁβρῶς αἰθέρος, ἔνθα ποθ' ἁγνὰς
ἐννέα Πιερίδας Μούσας λέγουσι
ξανθὰν Ἁρμονίαν φυτεῦσαι·
τοῦ καλλινάου τ' ἀπὸ Κηφισοῦ ῥοὰς
τὰν Κύπριν κλῄζουσιν ἀφυσσαμέναν
10 χώρας καταπνεῦσαι μετρίας ἀνέμων,
ἡδυπνόους αὔρας· ἀεὶ δ' ἐπιβαλλομέναν
χαίταισιν εὐώδη ῥοδέων πλόκον ἀνθέων
τᾷ σοφίᾳ παρέδρους πέμπειν ἔρωτας,
παντοίας ἀρετᾶς ξυνέργους.
15 πῶς οὖν ἱερῶν ποταμῶν
ἡ πόλις ἢ φίλων
πόμπιμός σε χώρα
τὰν παιδολέτειραν ἕξει,
τὰν οὐχ ὁσίαν μετ' ἄλλων ;

EURIP. *Medea*, 824-850.

(59)

'. . . *celsae graviore casu*
Decidunt turres feriuntque summos
Fulgura montes.'

τί τῆς κακίστης δαιμόνων ἐφίεσα
φιλοτιμίας, παῖ ; μὴ σύ γ'· ἄδικος ἡ θεός·
πολλοὺς δ' ἐς οἴκους καὶ πόλεις εὐδαίμονας

εἰσῆλθε κἀξῆλθ' ἐπ' ὀλέθρῳ τῶν χρωμένων·
ἐφ' ᾗ σὺ μαίνει. κεῖνο κάλλιον, τέκνον,   5
ἰσότητα τιμᾶν, ἣ φίλους ἀεὶ φίλοις
πόλεις τε πόλεσι συμμάχους τε συμμάχοις
ξυνδεῖ· τὸ γὰρ ἴσον νόμιμον ἀνθρώποις ἔφυ,
τῷ πλέονι δ' ἀεὶ πολέμιον καθίσταται
τοὔλασσον ἐχθρᾶς θ' ἡμέρας κατάρχεται.   10
καὶ γὰρ μέτρ' ἀνθρώποισι καὶ μέρη σταθμῶν
ἰσότης ἔταξε κἀριθμὸν διώρισε,
νυκτός τ' ἀφεγγὲς βλέφαρον ἡλίου τε φῶς
ἴσον βαδίζει τὸν ἐνιαύσιον κύκλον,
κοὐδέτερον αὐτοῖν φθόνον ἔχει νικώμενον.   15
εἶθ' ἥλιος μὲν νύξ τε δουλεύει βροτοῖς,
σὺ δ' οὐκ ἀνέξει δωμάτων ἔχων ἴσον
καὶ τῷδ' ἀπονέμεις; κᾆτα ποῦ 'στιν ἡ δίκη;
τί τὴν τυραννίδ', ἀδικίαν εὐδαίμονα,
τιμᾷς ὑπέρφευ, καὶ μέγ' ἥγησαι τόδε,   20
περιβλέπεσθαι τίμιον; κενὸν μὲν οὖν.
ἦ πολλὰ μοχθεῖν πόλλ' ἔχων ἐν δώμασι
βούλει; τί δ' ἔστι τὸ πλέον; ὄνομ' ἔχει μόνον·
ἐπεὶ τά γ' ἀρκοῦνθ' ἱκανὰ τοῖς γε σώφροσιν.
οὔτοι τὰ χρήματ' ἴδια κέκτηνται βροτοί,   25
τὰ τῶν θεῶν δ' ἔχοντες ἐπιμελούμεθα·
ὅταν δὲ χρῄζωσ', αὔτ' ἀφαιροῦνται πάλιν.
     EURIP. *Phoenissae*, 531-557.

(60)

A Dream.

Vidi te in somnis fracta, mea vita, carina
  Ionio lassas ducere rore manus,
Et, quaecunque in me fueras mentita, fateri,
  Nec jam humore graves tollere posse comas;
5 Qualem purpureis agitatam fluctibus Hellen,
  Aurea quam molli tergore vexit ovis.
Quam timui, ne forte tuum mare nomen haberet,
  Atque tua labens navita fleret aqua!
Quae tum ego Neptuno, quae tum cum Castore fratri,
10   Quaeque tibi excepi tum, dea Leucothoe!
At tu, vix primas extollens gurgite palmas,
  Saepe meum nomen jam peritura vocas.
Quod si forte tuos vidisset Glaucus ocellos,
  Esses Iōnii facta puella maris;
15 Et tibi prae invidia Nereïdes increpitarent,
  Candida Nesaee, caerula Cymothoë.
Sed tibi subsidio delphinum currere vidi,
  Qui, puto, Arioniam vexerat ante lyram.
Jamque ego conabar summo me mittere saxo,
20   Cum mihi discussit talia visa metus.

PROPERTIUS, *Elegy*, iii. 20.

(61)

*I will bid my love adieu, and set off to the wars. But
ah! I have often said the same ere now, and my
steps come stealing back to her door.*

CASTRA peto: valeatque Venus, valeantque puellae:
   Et mihi sunt vires, et mihi facta tuba est.
Magna loquor: sed magnifice mihi magna locuto
   Excutiunt clausae fortia verba fores.
Juravi quoties rediturum ad limina nunquam!   5
   Cum bene juravi, pes tamen ipse redit.
Acer Amor, fractas utinam, tua tela, sagittas
   Ilicet exstinctas aspiciamque faces!
Tu miserum torques; tu me mihi dira precari
   Cogis, et insana mente nefanda loqui.   10
Jam mala finissem leto; sed credula vitam
   Spes fovet, et fore cras semper ait melius.
Spes alit agricolas; spes sulcis credit aratis
   Semina, quae magno foenore reddat ager.
Haec laqueo volucres, haec captat arundine pisces,   15
   Cum tenues hamos abdidit ante cibus.
Spes etiam valida solatur compede vinctum:
   Crura sonant ferro; sed canit inter opus.
Spes facilem Nemesin spondet mihi; sed negat illa.
   Hei mihi! ne vincas, dura puella, deam!   20

Parce, per immatura tuae precor ossa sororis ;
  Sic bene sub tenera parva quiescat humo.
Desino, ne dominae luctus renoventur acerbi :
  Non ego sum tanti, ploret ut illa semel.
                              TIBULLUS, *Book* ii. 6.

PART SIXTH

(62)

When Daphnis died, all Nature mourned for him.

EXTINCTUM Nymphae crudeli funere Daphnin
Flebant ; vos coryli testes et flumina Nymphis :
Cum complexa sui corpus miserabile nati
Atque deos atque astra vocat crudelia mater.
Non ulli pastos illis egere diebus 5
Frigida, Daphni, boves ad flumina ; nulla nec amnem
Libavit quadrupes, nec graminis attigit herbam.
Daphni, tuum Poenos etiam ingemuisse leones
Interitum montesque feri silvaeque loquuntur.
Daphnis et Armenias curru subjungere tigres 10
Instituit, Daphnis thiasos inducere Bacchi
Et foliis lentas intexere mollibus hastas.
Vitis ut arboribus decori est, ut vitibus uvae,
Ut gregibus tauri, segetes ut pinguibus arvis,

15 Tu decus omne tuis.   Postquam te fata tulerunt,
    Ipsa Pales agros atque ipse reliquit Apollo.
    Grandia saepe quibus mandavimus hordea sulcis,
    Infelix lolium et steriles nascuntur avenae;
    Pro molli viola, pro purpureo narcisso,
20 Carduus et spinis surgit paliurus acutis.
    Spargite humum foliis, inducite fontibus umbras,
    Pastores; mandat fieri sibi talia Daphnis:
    Et tumulum facite, et tumulo superaddite carmen:
    Daphnis ego in silvis, hinc usque ad sidera notus,
25 Formosi pecoris custos, formosior ipse.

VERG. *Ecl.* v. 20-40.

(63)

*Gallus, parted from his Love, makes his moan,
brooding vainly over blighted hopes.*

EXTREMUM hunc, Arethusa, mihi concede laborem:
Pauca meo Gallo, sed quae legat ipsa Lycoris,
Carmina sunt dicenda: neget quis carmina Gallo?
Sic tibi, cum fluctus subterlabere Sicanos,
5 Doris amara suam non intermisceat undam.
Incipe: sollicitos Galli dicamus amores,
Dum tenera attondent simae virgulta capellae.
Non canimus surdis: respondent omnia silvae.

Quae nemora, aut qui vos saltus habuere, puellae
Naïdes, indigno quum Gallus amore peribat? 10
Nam neque Parnasi vobis juga, nam neque Pindi
Ulla moram fecere, neque Aonie Aganippe.
Illum etiam lauri, etiam flevere myricae;
Pinifer illum etiam sola sub rupe jacentem
Maenalus et gelidi fleverunt saxa Lycaei. 15
Stant et oves circum; (nostri nec poenitet illas,
Nec te poeniteat pecoris, divine poeta:
Et formosus ovis ad flumina pavit Adonis).
Venit et upilio; tardi venere bubulci;
Uvidus hiberna venit de glande Menalcas. 20
Omnes, unde amor iste, rogant, tibi? Venit Apollo:
Galle, quid insanis? inquit: tua cura Lycoris
Perque nives alium perque horrida castra secuta est.
Venit et agresti capitis Silvanus honore,
Florentis ferulas et grandia lilia quassans. 25
Pan deus Arcadiae venit, quem vidimus ipsi
Sanguineis ebuli baccis minioque rubentem.
Ecquis erit modus? inquit. Amor non talia curat:
Nec lacrimis crudelis Amor, nec gramina rivis,
Nec cytiso saturantur apes, nec fronde capellae. 30
   Tristis at ille: Tamen cantabitis, Arcades, inquit,
Montibus haec vestris; soli cantare periti
Arcades. O mihi tum quam molliter ossa quiescant,
Vestra meos olim si fistula dicat amores!

35 Atque utinam ex vobis unus, vestrique fuissem
  Aut custos gregis, aut maturae vinitor uvae!
  Certe, sive mihi Phyllis, sive esset Amyntas?
  Seu quicunque furor, (quid tum, si fuscus Amyntas?
  Et nigrae violae sunt, et vaccinia nigra)
40 Mecum inter salices lenta sub vite jaceret:
  Serta mihi Phyllis legeret, cantaret Amyntas.
  Hic gelidi fontes, hic mollia prata, Lycori,
  Hic nemus; hic ipso tecum consumerer aevo.
  Nunc insanus amor duri me Martis in armis
45 Tela inter media atque adversos detinet hostes.
  Tu procul a patria (nec sit mihi credere tantum!)
  Alpinas, ah dura, nives et frigora Rheni
  Me sine sola vides.   Ah, te ne frigora laedant!
  Ah, tibi ne teneras glacies secet aspera plantas!
50   Ibo, et, Chalcidico quae sunt mihi condita versu
  Carmina, pastoris Siculi modulabor avena.
  Certum est in silvis, inter spelea ferarum,
  Malle pati tenerisque meos incidere amores
  Arboribus: crescent illae, crescetis, amores.
55 Interea mixtis lustrabo Maenala Nymphis,
  Aut acres venabor apros: non me ulla vetabunt
  Frigora Parthenios canibus circumdare saltus;
  Jam mihi per rupes videor lucosque sonantes
  Ire; libet Partho torquere Cydonia cornu
60 Spicula: Tanquam haec sint nostri medicina furoris,

Aut deus ille malis hominum mitescere discat!
Jam neque Amadryades rursum, nec carmina nobis
Ipsa placent ; ipsae rursum concedite silvae.
Non illum nostri possunt mutare labores,
Nec si frigoribus mediis Hebrumque bibamus   65
Sithoniasque nives hiemis subeamus aquosae,
Nec si, cum moriens alta liber aret in ulmo,
Aethiopum versemus oves sub sidere Cancri.
Omnia vincit Amor ; et nos cedamus Amori.
   Haec sat erit, divae, vestrum cecinisse poetam,   70
Dum sedet et gracili fiscellam texit hibisco,
Pierides ; vos haec facietis maxima Gallo,
Gallo, cujus amor tantum mihi crescit in horas,
Quantum vere novo viridis se subjicit alnus.
   Surgamus : solet esse gravis cantantibus umbra ;   75
Juniperi gravis umbra ; nocent et frugibus umbrae.
Ite domum saturae, venit Hesperus, ite, capellae.
VERG. *Ecl.* x.

(64)

*Labour is Jove's ordinance ; 'twas he who brought
danger and difficulty into the world, to sharpen
human wit. So Necessity was Mother of Invention.*

                              PATER ipse colendi
Haud facilem esse viam voluit, primusque per artem

Movit agros, curis acuens mortalia corda,
Nec torpere gravi passus sua regna veterno.
5 Ante Jovem nulli subigebant arva coloni :
Ne signare quidem aut partiri limite campum
Fas erat : in medium quaerebant, ipsaque tellus
Omnia liberius, nullo poscente, ferebat.
Ille malum virus serpentibus addidit atris,
10 Praedarique lupos jussit, pontumque moveri,
Mellaque decussit foliis, ignemque removit,
Et passim rivis currentia vina repressit,
Ut varias usus meditando extunderet artes
Paulatim, et sulcis frumenti quaereret herbam ;
15 Ut silicis venis abstrusum excuderet ignem.
Tunc alnos primum fluvii sensere cavatas ;
Navita tum stellis numeros et nomina fecit,
Pleïadas, Hyadas, claramque Lycaonis Arcton ;
Tum laqueis captare feras, et fallere visco
20 Inventum, et magnos canibus circumdare saltus ;
Atque alius latum funda jam verberat amnem
Alta petens, pelagoque alius trahit humida lina.
Tum ferri rigor, atque argutae lammina serrae,
Nam primi cuneis scindebant fissile lignum,
25 Tum variae venere artes.   Labor omnia vicit
Improbus, et duris urgens in rebus egestas.
                    VERG. *Georg.* i. 121-146.

(65)

The Sun foretells the weather, and not the weather only. He foretold the death of Caesar, and the whole world was terror-stricken by signs in heaven and earth and sea; all portending that second battle of Roman against Roman on the field of which in days far distant the farmer will dig up many a relic of the fray. But we have still a Caesar with us: spare him, Heaven, to raise this fallen age of ours!

DENIQUE, quid vesper serus vehat, unde serenas
Ventus agat nubes, quid cogitet humidus Auster,
Sol tibi signa dabit.   Solem quis dicere falsum
Audeat? ille etiam caecos instare tumultus
Saepe monet, fraudemque et operta tumescere   5
  bella.
Ille etiam exstincto miseratus Caesare Romam,
Cum caput obscura nitidum ferrugine texit,
Impiaque aeternam timuerunt saecula noctem.
Tempore quanquam illo tellus quoque et aequora
  ponti,
Obscaenaeque canes, importunaeque volucres,   10

Signa dabant.   Quoties Cyclopum effervere in agros
Vidimus undantem ruptis fornacibus Aetnam,
Flammarumque globos liquefactaque volvere saxa !
Armorum sonitum toto Germania coelo
15 Audiit ; insolitis tremuerunt motibus Alpes.
Vox quoque per lucos vulgo exaudita silentes
Ingens, et simulacra modis pallentia miris
Visa sub obscurum noctis ; pecudesque locutae,
Infandum ! sistunt amnes, terraeque dehiscunt,
20 Et maestum illacrimat templis ebur, aeraque sudant.
Proluit insano contorquens vertice silvas
Fluviorum rex Eridanus, camposque per omnes
Cum stabulis armenta tulit.   Nec tempore eodem
Tristibus aut extis fibrae apparere minaces,
25 Aut puteis manare cruor cessavit, et altae
Per noctem resonare lupis ululantibus urbes.
Non alias coelo ceciderunt plura sereno
Fulgura, nec diri totiens arsere cometae.
  Ergo inter sese paribus concurrere telis
30 Romanas acies iterum videre Philippi ;
Nec fuit indignum superis, bis sanguine nostro
Emathiam et latos Haemi pinguescere campos.
Scilicet et tempus veniet, cum finibus illis

Agricola, incurvo terram molitus aratro,
Exesa inveniet scabra robigine pila, 35
Aut gravibus rastris galeas pulsabit inanes,
Grandiaque effossis mirabitur ossa sepulchris.
   Dî patrii Indigetes, et Romule, Vestaque mater,
Quae Tuscum Tiberim et Romana Palatia servas,
Hunc saltem everso juvenem succurrere saeclo 40
Ne prohibete! Satis jam pridem sanguine nostro
Laomedonteae luimus perjuria Trojae.
Jam pridem nobis coeli te regia, Caesar,
Invidet, atque hominum queritur curare triumphos :
Quippe ubi fas versum atque nefas, tot bella per
    orbem, 45
Tam multae scelerum facies, non ullus aratro
Dignus honos ; squalent abductis arva colonis,
Et curvae rigidum falces conflantur in ensem :
Hinc movet Euphrates, illinc Germania bellum ;
Vicinae ruptis inter se legibus urbes 50
Arma ferunt ; saevit toto Mars impius orbe :
Ut, cum carceribus sese effudere, quadrigae
Addunt in spatia, et frustra retinacula tendens
Fertur equis auriga, neque audit currus habenas.
                VERG. *Georg.* i. 461-514.

(66)

Of all the lands, from East to West, none can rival Italy. Italy is fairest and most fruitful; no noxious creatures vex it; it is blessed beyond all regions of the earth with corn, and wine, and oil, and cattle. Spring smiles the whole year long. Great cities are in it, and beneath their time-honoured walls roll mighty rivers. It is the land of soldiers and of statesmen. It is in thy honour, Italy, that I essay a task like Hesiod, and sing thy praise.

  SED neque Medorum silvae ditissima terra,
  Nec pulcher Ganges, atque auro turbidus Hermus,
  Laudibus Italiae certent ; non Bactra, neque Indi,
  Totaque thuriferis Panchaia pinguis arenis.
5 Haec loca non tauri spirantes naribus ignem
  Invertere, satis immanis dentibus hydri ;
  Nec galeis densisque virûm seges horruit hastis :
  Sed gravidae fruges et Bacchi Massicus humor
  Implevere ; tenent oleae, armentaque laeta.
10 Hinc bellator equus campo sese arduus infert ;
  Hinc albi, Clitumne, greges, et maxima taurus
  Victima, saepe tuo perfusi flumine sacro,
  Romanos ad templa deûm duxere triumphos.

Hic ver assiduum, atque alienis mensibus aestas;
Bis gravidae pecudes, bis pomis utilis arbor.   15
At rabidae tigres absunt, et saeva leonum
Semina; nec miseros fallunt aconita legentes;
Nec rapit immensos orbes per humum, neque tanto
Squameus in spiram tractu se colligit anguis.
Adde tot egregias urbes, operumque laborem,   20
Tot congesta manu praeruptis oppida saxis,
Fluminaque antiquos subterlabentia muros.
An mare, quod supra, memorem, quodque alluit
    infra?
Anne lacus tantos? te, Lari maxime, teque,
Fluctibus et fremitu assurgens, Benace, marino?   25
An memorem portus, Lucrinoque addita claustra,
Atque indignatum magnis stridoribus aequor,
Julia qua ponto longe sonat unda refuso,
Tyrrhenusque fretis immittitur aestus Avernis?
Haec eadem argenti rivos aerisque metalla   30
Ostendit venis, atque auro plurima fluxit.
Haec genus acre virûm, Marsos, pubemque Sa-
    bellam,
Assuetumque malo Ligurem, Volscosque verutos
Extulit; haec Decios, Marios, magnosque Camillos,
Scipiadas duros bello, et te, maxime Caesar,   35
Qui nunc extremis Asiae jam victor in oris
Imbellem avertis Romanis arcibus Indum.

Salve, magna parens frugum, Saturnia tellus,
Magna virûm : tibi res antiquae laudis et artis
40   Ingredior, sanctos ausus recludere fontes,
Ascraeumque cano Romana per oppida carmen.

VERG. *Georg.* ii. 136-176.

(67)

Ah! if he knew how happy! happiest of men is the farmer, on whom impartial earth, far from the din of arms, lavishes peace and plenty. Instead of power, he has simplicity; in place of luxury he has all Nature's charms. My first desire would be that the Muses, whose priest I am, would reveal to me the secrets of Divine philosophy. But if that be denied to me, then fain would I live a country life; with no ambition to tempt me, no crime or vanity to vex me; leading the life of the good old times, the age of innocence and peace.

O FORTUNATOS nimium, sua si bona nôrint,
Agricolas ; quibus ipsa, procul discordibus armis,
Fundit humo facilem victum justissima tellus.
Si non ingentem foribus domus alta superbis
5   Mane salutantum totis vomit aedibus undam ;
Nec varios inhiant pulchra testudine postes,

Illusasque auro vestes, Ephyreïaque aera ;
Alba neque Assyrio fucatur lana veneno,
Nec casia liquidi corrumpitur usus olivi :
At secura quies, et nescia fallere vita,   10
Dives opum variarum ; at latis otia fundis,
Speluncae, vivique lacus ; at frigida Tempe,
Mugitusque boum, mollesque sub arbore somni
Non absunt ; illic saltus ac lustra ferarum ;
Et patiens operum exiguoque assueta juventus ;   15
Sacra deum, sanctique patres ; extrema per illos
Justitia excedens terris vestigia fecit.
  Me vero primum dulces ante omnia Musae,
Quarum sacra fero ingenti percussus amore,
Accipiant, coelique vias et sidera monstrent,   20
Defectus solis varios, lunaeque labores ;
Unde tremor terris ; qua vi maria alta tumescant
Objicibus ruptis, rursusque in se ipsa residant ;
Quid tantum Oceano properent se tingere soles
Hiberni, vel quae tardis mora noctibus obstet.   25
Sin, has ne possim naturae accedere partes,
Frigidus obstiterit circum praecordia sanguis,
Rura mihi et rigui placeant in vallibus amnes ;
Flumina amem silvasque inglorius. O ubi campi,
Spercheosque, et virginibus bacchata Lacaenis   30
Taygeta ! o qui me gelidis in vallibus Haemi
Sistat, et ingenti ramorum protegat umbra !

Felix, qui potuit rerum cognoscere causas,
Atque metus omnes et inexorabile fatum
35 Subjecit pedibus, strepitumque Acherontis avari!
Fortunatus et ille, deos qui novit agrestes,
Panaque Silvanumque senem Nymphasque sorores!
Illum non populi fasces, non purpura regum
Flexit, et infidos agitans discordia fratres,
40 Aut conjurato descendens Dacus ab Istro;
Non res Romanae, perituraque regna; neque ille
Aut doluit miserans inopem, aut invidit habenti.
Quos rami fructus, quos ipsa volentia rura
Sponte tulere sua, carpsit: nec ferrea jura,
45 Insanumque forum, aut populi tabularia vidit.
Sollicitant alii remis freta caeca; ruuntque
In ferrum; penetrant aulas et limina regum;
Hic petit excidiis Urbem miserosque Penates,
Ut gemma bibat, et Sarrano indormiat ostro;
50 Condit opes alius, defossoque incubat auro;
Hic stupet attonitus rostris; hunc plausus hiantem
Per cuneos geminatus enim plebisque patrumque
Corripuit; gaudent perfusi sanguine fratrum,
Exilioque domos et dulcia limina mutant,
55 Atque alio patriam quaerunt sub sole jacentem.
    Agricola incurvo terram dimovit aratro:
Hinc anni labor; hinc patriam parvosque nepotes
Sustinet; hinc armenta boum, meritosque juvencos;

Nec requies, quin aut pomis exuberet annus,
Aut fetu pecorum, aut Cerealis mergite culmi,   60
Proventuque oneret sulcos, atque horrea vincat.
Venit hiems: teritur Sicyonia bacca trapetis;
Glande sues laeti redeunt; dant arbuta silvae;
Et varios ponit fetus auctumnus; et alte
Mitis in apricis coquitur vindemia saxis.   65
Interea dulces pendent circum oscula nati;
Casta pudicitiam servat domus; ubera vaccae
Lactea demittunt; pinguesque in gramine laeto
Inter se adversis luctantur cornibus haedi.
Ipse dies agitat festos; fususque per herbam,   70
Ignis ubi in medio, et socii cratera coronant,
Te libans, Lenaee, vocat; pecorisque magistris
Velocis jaculi certamina ponit in ulmo,
Corporaque agresti nudant praedura palaestra.
Hanc olim veteres vitam coluere Sabini;   75
Hanc Remus et frater; sic fortis Etruria crevit;
Scilicet et rerum facta est pulcherrima Roma,
Septemque una sibi muro circumdedit arces.
Ante etiam sceptrum Dictaei regis, et ante
Impia quam caesis gens est epulata juvencis,   80
Aureus hanc vitam in terris Saturnus agebat.
Necdum etiam audierant inflari classica, necdum
Impositos duris crepitare incudibus enses.
                VERG. *Georg.* ii. 458-540.

(68)

The rival bulls fight. The vanquished retires to the wilderness, practises and recruits his strength, and sweeps down upon his foe again as a billow rolls in from the open sea.

PASCITUR in magna Sila formosa juvenca:
Illi alternantes multa vi proelia miscent
Vulneribus crebris; lavit ater corpora sanguis,
Versaque in obnixos urgentur cornua vasto
5   Cum gemitu; reboant silvaeque et longus Olympus.
Nec mos bellantes una stabulare: sed alter
Victus abit, longeque ignotis exulat oris,
Multa gemens ignominiam plagasque superbi
Victoris, tum quos amisit inultus amores;
10 Et stabula adspectans regnis excessit avitis.
Ergo omni cura vires exercet, et inter
Dura jacet pernox instrato saxa cubili,
Frondibus hirsutis et carice pastus acuta;
Et tentat sese atque irasci in cornua discit
15 Arboris obnixus trunco, ventosque lacessit
Ictibus, et sparsa ad pugnam proludit arena.
Post, ubi collectum robur viresque refectae,
Signa movet, praecepsque oblitum fertur in hostem:

Fluctus uti medio coepit quum albescere ponto
Longius ex altoque sinum trahit, utque volutus   20
Ad terras immane sonat per saxa, neque ipso
Monte minor procumbit; at ima exaestuat unda
Vorticibus, nigramque alte subjectat arenam.
VERG. *Georg.* iii. 219-241.

(69)

In this dread pestilence the oxen fell dead while plough-
  ing. What availed all their labour in the service
  of man, and the healthful simplicity of their life ?

ECCE autem duro fumans sub vomere taurus
Concidit, et mixtum spumis vomit ore cruorem,
Extremosque ciet gemitus. It tristis arator,
Moerentem abjungens fraterna morte juvencum,
Atque opere in medio defixa reliquit aratra.   5
  Non umbrae altorum nemorum, non mollia pos-
    sunt
Prata movere animum, non qui per saxa volutus
Purior electro campum petit amnis, at ima
Solvuntur latera atque oculos stupor urget inertes,
Ad terramque fluit devexo pondere cervix.   10
  Quid labor, aut benefacta juvant? quid vomere
    terras

Invertisse graves? atqui non Massica Bacchi
Munera, non illis epulae nocuere repostae;
Frondibus et victu pascuntur simplicis herbae;
15   Pocula sunt fontes liquidi, atque exercita cursu
Flumina; nec somnos abrumpit cura salubres.
               VERG. *Georg.* iii. 515-530.

(70)

*Fain would I tell of gardens, roses and narcissus, ivy
and myrtle. I remember an old gardener on the
bank of Galaesus who was as happy as a king,
with his little plot of ground. First was he to
gather in his honey, no blossom of his ever failed
to come to fruit. But I must leave the theme to
others.*

ATQUE equidem, extremo ni jam sub fine laborum
Vela traham, et terris festinem advertere proram,
Forsitan et pingues hortos quae cura colendi
Ornaret, canerem, biferique rosaria Paesti;
5 Quoque modo potis gauderent intuba rivis,
Et virides apio ripae; tortusque per herbam
Cresceret in ventrem cucumis; nec sera comantem
Narcissum, aut flexi tacuissem vimen acanthi,

Pallentesque hederas, et amantes litora myrtos.
Namque sub Oebaliae memini me turribus arcis,   10
Qua niger humectat flaventia culta Galaesus,
Corycium vidisse senem, cui pauca relicti
Jugera ruris erant: nec fertilis illa juvencis,
Nec pecori opportuna seges, nec commoda Baccho.
Hic rarum tamen in dumis olus albaque circum   15
Lilia verbenasque premens vescumque papaver
Regum aequabat opes animis; seraque revertens
Nocte domum dapibus mensas onerabat inemtis.
Primus vere rosam atque auctumno carpere poma;
Et, quum tristis hiems etiamnum frigore saxa   20
Rumperet et glacie cursus frenaret aquarum,
Ille comam mollis jam tondebat hyacinthi,
Aestatem increpitans seram zephyrosque morantes.
Ergo apibus fetis idem atque examine multo
Primus abundare et spumantia cogere pressis   25
Mella favis; illi tiliae, atque uberrima pinus;
Quotque in flore novo pomis se fertilis arbos
Induerat, totidem auctumno matura tenebat.
Ille etiam seras in versum distulit ulmos,
Eduramque pirum, et spinos jam pruna ferentes,   30
Jamque ministrantem platanum potantibus umbras.
Verum haec ipse equidem spatiis exclusus iniquis
Praetereo atque aliis post me memoranda relinquo.

VERG. *Georg.* iv. 116-148.

(71)

Says Proteus: The curse of Orpheus is the cause of your trouble. Through you he lost his Eurydice. For her he went down to the lower world, and, by the magic of his music, held the shades spellbound, while Pluto set her free. But ah! she looked back and was lost to Orpheus once more. He mourned her till he died, and 'even in death Eurydice he sung.'

TANTUM effatus. Ad haec vates vi denique multa
Ardentes oculos intorsit lumine glauco,
Et graviter frendens sic fatis ora resolvit :
Non te nullius exercent numinis irae :
5 Magna luis commissa : tibi has miserabilis Orpheus
Haud quaquam ob meritum poenas, ni Fata resistant,
Suscitat, et rapta graviter pro conjuge saevit.
Illa quidem, dum te fugeret per flumina praeceps,
Immanem ante pedes hydrum moritura puella
10 Servantem ripas alta non vidit in herba.
At chorus aequalis Dryadum clamore supremos

Implêrunt montes ; flêrunt Rhodopeïae arces,
Altaque Pangaea, et Rhesi Mavortia tellus,
Atque Getae, atque Hebrus, et Actias Orithyia.
Ipse, cava solans aegrum testudine amorem, 15
Te, dulcis conjux, te solo in litore secum,
Te veniente die, te decedente canebat.
Taenarias etiam fauces, alta ostia Ditis,
Et caligantem nigra formidine lucum
Ingressus, Manesque adiit, Regemque tremendum, 20
Nesciaque humanis precibus mansuescere corda.
At cantu commotae Erebi de sedibus imis
Umbrae ibant tenues simulacraque luce carentum :
Quam multa in foliis avium se millia condunt,
Vesper ubi aut hibernus agit de montibus imber, 25
Matres, atque viri, defunctaque corpora vita
Magnanimûm heroum, pueri, innuptaeque puellae,
Impositique rogis juvenes ante ora parentum ;
Quos circum limus niger et deformis arundo
Cocyti tardaque palus inamabilis unda 30
Alligat, et novies Styx interfusa coërcet.
Quin ipsae stupuere domus atque intima leti
Tartara, caeruleosque implexae crinibus angues
Eumenides, tenuitque inhians tria Cerberus ora,
Atque Ixionii vento rota constitit orbis. 35
Jamque pedem referens casus evaserat omnes,
Redditaque Eurydice superas veniebat ad auras,

Pone sequens—namque hanc dederat Proserpina
   legem—
Quum subita incautum dementia cepit amantem,
40 Ignoscenda quidem, scirent si ignoscere Manes :
Restitit, Eurydicenque suam jam luce sub ipsa,
Immemor, heu! victusque animi respexit : ibi
   omnis
Effusus labor, atque immitis rupta tyranni
Foedera, terque fragor stagnis auditus Avernis.
45 Illa, Quis et me, inquit, miseram, et te perdidit,
   Orpheu,
Quis tantus furor? En iterum crudelia retro
Fata vocant, conditque natantia lumina somnus.
Jamque vale. Feror ingenti circumdata nocte,
Invalidasque tibi tendens, heu! non tua, palmas.
50 Dixit, et ex oculis subito, ceu fumus in auras
Commixtus tenues, fugit diversa ; neque illum
Prensantem nequiquam umbras, et multa vo-
   lentem
Dicere, praeterea vidit ; nec portitor Orci
Amplius objectam passus transire paludem.
55 Quid faceret ? quo se rapta bis conjuge ferret ?
Quo fletu Manes, qua Numina voce moveret ?
Illa quidem Stygia nabat jam frigida cymba.
Septem illum totos perhibent ex ordine menses,
Rupe sub aëria, deserti ad Strymonis undam,

Flevisse, et gelidis haec evolvisse sub antris, 60
Mulcentem tigres, et agentem carmine quercus.
Qualis populea moerens Philomela sub umbra
Amissos queritur fetus, quos durus arator
Observans nido implumes detraxit : at illa
Flet noctem, ramoque sedens miserabile carmen 65
Integrat, et moestis late loca questibus implet.
Nulla Venus, non ulli animum flexere Hymenaei.
Solus Hyperboreas glacies Tanaimque nivalem
Arvaque Rhipaeis nunquam viduata pruinis
Lustrabat, raptam Eurydicen atque irrita Ditis 70
Dona querens : spretae Ciconum quo munere matres,
Inter sacra deûm nocturnique orgia Bacchi,
Discerptum latos juvenem sparsere per agros.
Tum quoque, marmorea caput a cervice revulsum
Gurgite quum medio portans Oeagrius Hebrus 75
Volveret, Eurydicen vox ipsa et frigida lingua,
Ah miseram Eurydicen ! anima fugiente vocabat ;
Eurydicen toto referebant flumine ripae.
    Haec Proteus : et se jactu dedit aequor in altum ;
Quaque dedit, spumantem undam sub vortice torsit. 80

                  VERG. *Georg.* iv. 450-529.

(72)

Dido scorns the excuses of Aeneas, and bursts into passionate anger. He is a traitor, with a heart of stone. She has lost faith in gods and men. She had sacrificed all to him, and now he leaves her on some paltry subterfuge. Let him go, then; she will have her revenge, and her ghost shall haunt him wherever he goes. He shall rue the day.

TALIA dicentem jamdudum aversa tuetur,
Huc illuc volvens oculos, totumque pererrat
Luminibus tacitis, et sic accensa profatur:
    Nec tibi diva parens, generis nec Dardanus auctor,
5 Perfide; sed duris genuit te cautibus horrens
Caucasus, Hyrcanaeque admôrunt ubera tigres.
Nam quid dissimulo? aut quae me ad majora reservo?
Num fletu ingemuit nostro? num lumina flexit?
Num lacrimas victus dedit, aut miseratus amantem est?
10 Quae quibus anteferam? Jam, jam nec maxima Juno,

Nec Saturnius haec oculis pater adspicit aequis.
Nusquam tuta fides.   Ejectum litore, egentem
Excepi, et regni demens in parte locavi ;
Amissam classem, socios a morte reduxi.
Heu Furiis incensa feror !   Nunc augur Apollo,   15
Nunc Lyciae sortes, nunc et Jove missus ab ipso
Interpres divûm fert horrida jussa per auras
Scilicet is superis labor est ; ea cura quietos
Sollicitat.   Neque te teneo, neque dicta refello.
I, sequere Italiam ventis ; pete regna per undas.   20
Spero equidem mediis, si quid pia numina possunt,
Supplicia hausurum scopulis, et nomine Dido
Saepe vocaturum.   Sequar atris ignibus absens ;
Et, cum frigida mors anima seduxerit artus,
Omnibus umbra locis adero.   Dabis, improbe,
  poenas.   25
Audiam ; et haec Manes veniet mihi fama sub
  imos.
His medium dictis sermonem abrumpit, et auras
Aegra fugit, seque ex oculis avertit et aufert,
Linquens multa metu cunctantem, et multa pa-
  rantem
Dicere.   Suscipiunt famulae, collapsaque membra   30
Marmoreo referunt thalamo, stratisque reponunt.
     ᵢ VERG. *Aen.* iv. 362-392.

(73)

Dido is in despair, and is aweary of her life. Mysterious voices terrify her in the night: she hears her husband call. In dreams she seems to be on a lonely and interminable journey, seeking for Aeneas in a solitary wilderness.

    TUM vero infelix, fatis exterrita, Dido
    Mortem orat ; taedet coeli convexa tueri.
    Quo magis inceptum peragat, lucemque relinquat,
    Vidit, thuricremis cum dona imponeret aris,
5 (Horrendum dictu) latices nigrescere sacros,
    Fusaque in obscaenum se vertere vina cruorem.
    Hoc visum nulli, non ipsa effata sorori.
    Praeterea fuit in tectis de marmore templum
    Conjugis antiqui, miro quod honore colebat,
10 Velleribus niveis et festa fronde revinctum :
    Hinc exaudiri voces et verba vocantis
    Visa viri, nox cum terras obscura teneret ;
    Solaque culminibus ferali carmine bubo
    Saepe queri et longas in fletum ducere voces.
15 Multaque praeterea vatum praedicta piorum

Terribili monitu horrificant. Agit ipse furentem
In somnis ferus Aeneas ; semperque relinqui
Sola sibi, semper longam incomitata videtur
Ire viam, et Tyrios deserta quaerere terra.
VERG. *Aen.* iv. 450-468.

(74)

*The way to Acheron. They see the grim ferryman
with his ghostly crew. Only those who have been
buried may cross the river ; the rest must wait a
hundred years.*

HINC via, Tartarei quae fert Acherontis ad undas.
Turbidus hic coeno vastaque voragine gurges
Aestuat, atque omnem Cocyto eructat arenam.
Portitor has horrendus aquas et flumina servat
Terribili squalore Charon ; cui plurima mento   5
Canities inculta jacet ; stant lumina flamma ;
Sordidus ex humeris nodo dependet amictus.
Ipse ratem conto subigit, velisque ministrat,
Et ferruginea subvectat corpora cymba ;
Jam senior, sed cruda deo viridisque senectus.   10
Huc omnis turba ad ripas effusa ruebat ;
Matres atque viri, defunctaque corpora vita
Magnanimûm heroum, pueri innuptaeque puellae,

Impositique rogis juvenes ante ora parentum.
15 Quam multa in sylvis auctumni frigore primo
Lapsa cadunt folia ; aut ad terram gurgite ab alto
Quam multae glomerantur aves, ubi frigidus annus
Trans pontum fugat, et terris immittit apricis.
Stabant orantes primi transmittere cursum,
20 Tendebantque manus ripae ulterioris amore :
Navita sed tristis nunc hos, nunc accipit illos ;
Ast alios longe summotos arcet arena.
Aeneas, miratus enim motusque tumultu
Dic, ait, o virgo, quid vult concursus ad amnem ?
25 Quidve petunt animae ? vel quo discrimine ripas
Hae linquunt, illae remis vada livida verrunt ?
　　Olli sic breviter fata est longaeva sacerdos :
Anchisa generate, deûm certissima proles,
Cocyti stagna alta vides, Stygiamque paludem,
30 Dî cujus jurare timent et fallere numen.
Haec omnis, quam cernis, inops inhumataque
　　turba est ;
Portitor ille, Charon ; hi, quos vehit unda, sepulti.
Nec ripas datur horrendas et rauca fluenta
Transportare prius, quam sedibus ossa quiêrunt.
35 ·Centum errant annos, volitantque haec litora
　　circum.
Tum demum admissi stagna exoptata revisunt.
　　　　　　　　　　VERG. *Aen.* vi. 295-330.

(75)

Having crossed the river, they first come to the abode of children, who wail for the life they were never permitted to enjoy. Then they see those who had been unjustly condemned to death; then suicides, who lament their rash deed, and fain would be on earth again. And next they come to the mournful fields where are those who have died for love. Aeneas here sees Dido, and tries to soothe her. She answers him never a word, and glides away.

CONTINUO auditae voces, vagitus et ingens,
Infantumque animae flentes in limine primo;
Quos dulcis vitae exsortes, et ab ubere raptos
Abstulit atra dies, et funere mersit acerbo.
Hos juxta falso damnati crimine mortis.   5
Nec vero hae sine sorte datae, sine judice sedes.
Quaesitor Minos urnam movet; ille silentum
Conciliumque vocat vitasque et crimina discit.
Proxima deinde tenent moesti loca, qui sibi letum
Insontes peperere manu, lucemque perosi   10
Projecere animas. Quam vellent aethere in alto
Nunc et pauperiem et duros perferre labores!
Fas obstat, tristique palus inamabilis unda
Alligat, et novies Styx interfusa coërcet.
Nec procul hinc partem fusi monstrantur in omnem 15

Lugentes campi; sic illos nomine dicunt.
Hic, quos durus amor crudeli tabe peredit,
Secreti celant calles, et myrtea circum
Silva tegit; curae non ipsa in morte relinquunt.
20 His Phaedram Procrinque locis, moestamque Eriphylen
Crudelis nati monstrantem vulnera cernit,
Evadnenque, et Pasiphaën; his Laodamia
It comes, et juvenis quondam, nunc foemina, Caenis,
Rursus et in veterem fato revoluta figuram.
25 Inter quas Phoenissa recens a vulnere Dido
Errabat silva in magna; quam Troïus heros,
Ut primum juxta stetit agnovitque per umbras
Obscuram, qualem primo qui surgere mense
Aut videt, aut vidisse putat per nubila lunam,
30 Demisit lacrimas, dulcique affatus amore est:
Infelix Dido, verus mihi nuntius ergo
Venerat, exstinctam, ferroque extrema secutam.
Funeris, heu, tibi causa fui? Per sidera juro,
Per superos, et si qua fides tellure sub ima est:
35 Invitus, regina, tuo de litore cessi.
Sed me jussa deûm, quae nunc has ire per umbras
Per loca senta situ cogunt, noctemque profundam,
Imperiis egere suis; nec credere quivi
Hunc tantum tibi me discessu ferre dolorem.
40 Siste gradum, teque adspectu ne subtrahe nostro.

Quem fugis? extremum fato, quod te alloquor, hoc est.
Talibus Aeneas ardentem et torva tuentem
Lenibat dictis animum, lacrimasque ciebat.
Illa solo fixos oculos aversa tenebat;
Nec magis incepto vultum sermone movetur, 45
Quam si dura silex aut stet Marpesia cautes.
Tandem corripuit sese atque inimica refugit
In nemus umbriferum, conjux ubi pristinus illi
Respondet curis, aequatque Sychaeus amorem.
VERG. *Aen.* vi. 426-474.

(76)

Aeneas sees a mighty castle with a triple wall. A fiery river surrounds it. The sounds of torment and of clanking chains are heard from within. What is it? The Sibyl tells him: 'This is Tartarus; the good never enter it. There the guilty appear before the Judge: he compels them to confess. The Furies take them. A gate is opened, and they are flung into the abyss. All the great criminals are there, of ancient story and of later times, bad sons, unkind brothers, robbers of the poor, selfish misers, adulterers, faithless slaves: countless crimes, countless forms of punishment.'

RESPICIT Aeneas subito, et sub rupe sinistra
Moenia lata videt, triplici circumdata muro;

Quae rapidus flammis ambit torrentibus amnis
Tartareus Phlegethon, torquetque sonantia saxa.
5 Porta adversa ingens, solidoque adamante columnae;
Vis ut nulla virûm, non ipsi exscindere ferro
Coelicolae valeant.   Stat ferrea turris ad auras ;
Tisiphoneque sedens, palla succincta cruenta,
Vestibulum exsomnis servat noctesque diesque.
10 Hinc exaudiri gemitus, et saeva sonare
Verbera : tum stridor ferri, tractaeque catenae.
Constitit Aeneas, strepitumque exterritus hausit.
Quae scelerum facies ? o virgo, effare ; quisbusve
Urgentur poenis ? qui tantus plangor ad auras ?
15   Tum vates sic orsa loqui : Dux inclyte Teucrûm,
Nulli fas casto sceleratum insistere limen ;
Sed me, cum lucis Hecate praefecit Avernis,
Ipsa deûm poenas docuit, perque omnia duxit.
Gnossius haec Rhadamanthus habet durissima regna,
20 Castigatque auditque dolos, subigitque fateri,
Quae quis apud superos, furto laetatus inani,
Distulit in seram commissa piacula mortem.
Continuo sontes ultrix accincta flagello
Tisiphone quatit insultans, torvosque sinistra
25 Intentans angues, vocat agmina saeva sororum :
Tum demum horrisono stridentes cardine sacrae
Panduntur portae.   Cernis custodia qualis
Vestibulo sedeat ? facies quae limina servet ?

Quinquaginta atris immanis hiatibus Hydra
Saevior intus habet sedem.   Tum Tartarus ipse   30
Bis patet in praeceps tantum tenditque sub umbras
Quantus ad aetherium coeli suspectus Olympum.
Hic genus antiquum terrae, Titania pubes,
Fulmine dejecti, fundo volvuntur in imo.
Hic et Aloïdas geminos, immania vidi   35
Corpora, qui manibus magnum rescindere coelum
Aggressi superisque Jovem detrudere regnis.
Vidi et crudeles dantem Salmonea poenas,
Dum flammas Jovis et sonitus imitatur Olympi.
Quatuor hic invectus equis et lampada quassans   40
Per Graiûm populos mediaeque per Elidis urbem
Ibat ovans divûmque sibi poscebat honorem;
Demens: qui nimbos et non imitabile fulmen
Aere et cornipedum pulsu simulârat equorum.
At pater omnipotens densa inter nubila telum   45
Contorsit, non ille faces, nec fumea taedis
Lumina, praecipitemque immani turbine adegit.
Nec non et Tityon, terrae omniparentis alumnum,
Cernere erat, per tota novem cui jugera corpus
Porrigitur; rostroque immanis vultur obunco   50
Immortale jecur tondens, fecundaque poenis
Viscera, rimaturque epulis, habitatque sub alto
Pectore; nec fibris requies datur ulla renatis.
Quid memorem Lapithas, Ixiona, Pirithoumque?

55 Quos super atra silex jam jam lapsura cadentique
   Imminet assimilis: lucent genialibus altis
   Aurea fulcra toris, epulaeque ante ora paratae
   Regifico luxu; Furiarum maxima juxta
   Accubat, et manibus prohibet contingere mensas,
60 Exsurgitque facem attollens, atque intonat ore.
   Hic quibus invisi fratres, dum vita manebat,
   Pulsatusve parens, et fraus innexa clienti;
   Aut qui divitiis soli incubuere repertis,
   Nec partem posuere suis; quae maxima turba est:
65 Quique ob adulterium caesi; quique arma secuti
   Impia, nec veriti dominorum fallere dextras;
   Inclusi poenam exspectant.   Ne quaere doceri
   Quam poenam; aut quae forma viros fortunave mersit.
   Saxum ingens volvunt alii, radiisve rotarum
70 Districti pendent; sedet, aeternumque sedebit,
   Infelix Theseus, Phlegyasque miserrimus omnes
   Admonet, et magna testatur voce per umbras:
   'Discite justitiam moniti, et non temnere divos.'
   Vendidit hic auro patriam, dominumque potentem
75 Imposuit, fixit leges pretio atque refixit.
   Hic thalamum invasit natae, vetitosque hymenaeos.
   Ausi omnes immane nefas, ausoque potiti.
   Non, mihi si linguae centum sint, oraque centum,
   Ferrea vox, omnes scelerum comprendere formas,
80 Omnia poenarum percurrere nomina possim.
                        VERG. *Aen.* vi. 548-627.

(77)

At last they come to the home of the blessed; a garden fair to look upon, with ampler aether and purpureal light. Patriots and priests, poets and those whose kindness or whose character lives in the memory of men, wear the snow white badge of divine felicity.

His demum exactis, perfecto munere divae,
Devenere locos laetos, et amoena vireta
Fortunatorum nemorum, sedesque beatas.
Largior hic campos aether et lumine vestit
Purpureo; solemque suum, sua sidera nôrunt.   5
Pars in gramineis exercent membra palaestris;
Contendunt ludo, et fulva luctantur arena;
Pars pedibus plaudunt choreas, et carmina dicunt.
Necnon Threïcius longa cum veste sacerdos
Obloquitur numeris septem discrimina vocum;   10
Jamque eadem digitis, jam pectine pulsat eburno.
Hic genus antiquum Teucri, pulcherrima proles,
Magnanimi heroës, nati melioribus annis,
Ilusque, Assaracusque, et Trojae Dardanus auctor.
Arma procul currusque virûm miratur inanes.   15
Stant terra defixae hastae, passimque soluti

Per campos pascuntur equi.   Quae gratia currûm
Armorumque fuit vivis, quae cura nitentes
Pascere equos, eadem sequitur tellure repostos.
20 Conspicit ecce alios dextra laevaque per herbam
Vescentes, laetumque choro paeana canentes,
Inter odoratum lauri nemus ; unde superne
Plurimus Eridani per silvam volvitur amnis.
Hic manus, ob patriam pugnando vulnera passi,
25 Quique sacerdotes casti dum vita manebat,
Quique pii vates, et Phoebo digna locuti,
Inventas aut qui vitam excoluere per artes,
Quique sui memores alios fecere merendo ;
Omnibus his nivea cinguntur tempora vitta.

VERG. *Aen.* vi. 637-665.

(78)

The Goddess brings to her son the promised Arms. On the Shield was represented the History of Rome: Romulus and Remus, with the Wolf; the Sabine brides; the punishment of Mettus ; Porsenna and Cocles and Cloelia ; Manlius on the Capitol; Catiline in Hell, and Cato in Heaven ; Actium, the sea-fight, the rout, the triumph.

ILLE, deae donis et tanto laetus honore,
Expleri nequit, atque oculos per singula volvit,

Miraturque, interque manus et brachia versat
Terribilem cristis galeam flammasque vomentem,
Fatiferumque ensem, loricam ex aere rigentem, 5
Sanguineam, ingentem, qualis cum caerula nubes
Solis inardescit radiis, longeque refulget;
Tum leves ocreas electro auroque recocto,
Hastamque, et clypei non enarrabile textum.
Illic res Italas Romanorumque triumphos, 10
Haud vatum ignarus venturique inscius aevi,
Fecerat ignipotens.   Illic genus omne futurae
Stirpis ab Ascanio, pugnataque in ordine bella.
Fecerat et viridi fetam Mavortis in antro
Procubuisse lupam; geminos huic ubera circum 15
Ludere pendentes pueros, et lambere matrem
Impavidos; illam tereti cervice reflexam
Mulcere alternos, et corpora fingere lingua.
Nec procul hinc Romam, et raptas sine more
    Sabinas
Consessu caveae, magnis Circensibus actis, 20
Addiderat; subitoque novum consurgere bellum
Romulidis, Tatioque seni, Curibusque severis.
Post idem, inter se posito certamine, reges
Armati Jovis ante aram, paterasque tenentes,
Stabant, et caesa jungebant foedera porca. 25
Haud procul inde, citae Mettum in diversa qua-
    drigae

Distulerant, (at tu dictis, Albane, maneres!),
Raptabatque viri mendacis viscera Tullus
Per silvam, et sparsi rorabant sanguine vepres.
30 Nec non Tarquinium ejectum Porsenna jubebat
Accipere, ingentique urbem obsidione premebat;
Aeneadae in ferrum pro libertate ruebant.
Illum indignanti similem, similemque minanti
Adspiceres, pontem auderet quod vellere Cocles,
35 Et fluvium vinclis innaret Cloelia ruptis.
In summo custos Tarpeiae Manlius arcis
Stabat pro templo, et Capitolia celsa tenebat.
Atque hic auratis volitans argenteus anser
Porticibus, Gallos in limine adesse canebat;
40 Galli per dumos aderant, arcemque tenebant,
Defensi tenebris et dono noctis opacae:
Aurea caesaries ollis, atque aurea vestis;
Virgatis lucent sagulis; tum lactea colla
Auro innectuntur; duo quisque Alpina coruscant
45 Gaesa manu, scutis protecti corpora longis.
Hic exsultantes Salios, nudosque Lupercos,
Lanigerosque apices, et lapsa ancilia coelo
Extuderat: castae ducebant sacra per urbem
Pilentis matres in mollibus. Hinc procul addit
50 Tartareas etiam sedes, alta ostia Ditis,
Et scelerum poenas, et te, Catilina, minaci
Pendentem scopulo, Furiarumque ora trementem,

Secretosque pios; his dantem jura Catonem.
Haec inter tumidi late maris ibat imago
Aurea; sed fluctu spumabant caerula cano;   55
Et circum argento clari delphines in orbem
Aequora verrebant caudis, aestumque secabant.
In medio classes aeratas, Actia bella,
Cernere erat; totumque instructo Marte videres
Fervere Leucaten, auroque effulgere fluctus.   60
Hinc Augustus agens Italos in proelia Caesar
Cum patribus, populoque, Penatibus et magnis
    dis,
Stans celsa in puppi: geminas cui tempora flammas
Laeta vomunt, patriumque aperitur vertice sidus.
Parte alia ventis et dis Agrippa secundis   65
Arduus agmen agens, cui, belli insigne superbum,
Tempora navali fulgent rostrata corona.
Hinc ope barbarica variisque Antonius armis
Victor ab Aurorae populis et litore rubro
Aegyptum viresque Orientis et ultima secum   70
Bactra vehit; sequiturque, nefas, Aegyptia conjux.
Una omnes ruere, ac totum spumare reductis
Convulsum remis rostrisque tridentibus aequor.
Alta petunt; pelago credas innare revulsas
Cycladas, aut montes concurrere montibus altos;   75
Tanta mole viri turritis puppibus instant.
Stuppea flamma manu telisque volatile ferrum

Spargitur; arva nova Neptunia caede rubescunt.
Regina in mediis patrio vocat agmina sistro;
80 Necdum etiam geminos a tergo respicit angues.
Omnigenûmque deûm monstra, et latrator Anubis,
Contra Neptunum et Venerem contraque Minervam
Tela tenent. Saevit medio in certamine Mavors
Caelatus ferro, tristesque ex aethere Dirae,
85 Et scissa gaudens vadit Discordia palla;
Quam cum sanguineo sequitur Bellona flagello.
Actius haec cernens arcum intendebat Apollo
Desuper; omnis eo terrore Aegyptus, et Indi,
Omnis Arabs, omnes vertebant terga Sabaei.
90 Ipsa videbatur ventis regina vocatis
Vela dare, et laxos jam jamque immittere funes.
Illam inter caedes pallentem morte futura
Fecerat ignipotens undis et Iapyge ferri;
Contra autem magno moerentem corpore Nilum,
95 Pandentemque sinus, et tota veste vocantem
Caeruleum in gremium latebrosaque flumina victos.
At Caesar, triplici invectus Romana triumpho
Moenia, dîs Italis votum immortale sacrabat,
Maxima ter centum totam delubra per urbem.
100 Laetitia ludisque viae plausuque fremebant;
Omnibus in templis matrum chorus, omnibus arae;
Ante aras terram caesi stravere juvenci.
Ipse, sedens niveo candentis limine Phoebi,

Dona recognoscit populorum, aptatque superbis
Postibus ; incedunt victae longo ordine gentes,   105
Quam variae linguis, habitu tam vestis et armis.
Hic Nomadum genus et discinctos Mulciber Afros,
Hic Lelegas, Carasque, sagittiferosque Gelonos
Finxerat. Euphrates ibat jam mollior undis,
Extremique hominum Morini, Rhenusque bicornis,   110
Indomitique Dahae, et pontem indignatus Araxes.
Talia per clypeum Vulcani, dona parentis,
Miratur, rerumque ignarus imagine gaudet,
Attollens humero famamque et fata nepotum.
     VERG. *Aen.* viii. 617-731.

PART SEVENTH

(79)

Ajax speaks: 'I am dishonoured: what remains? shall I go home? My father would hate to look on his degenerate son. Plunge into battle, and die sword in hand? No doubt the sons of Atreus would be glad to see that. No! if life be dishonoured, there still is left to me an honourable death.'

αἰαῖ· τίς ἄν ποτ' ᾤεθ' ὧδ' ἐπώνυμον
τοὐμὸν ξυνοίσειν ὄνομα τοῖς ἐμοῖς κακοῖς;
νῦν γὰρ πάρεστι καὶ δὶς αἰάζειν ἐμοὶ
καὶ τρίς· τοιούτοις γὰρ κακοῖς ἐντυγχάνω·
5 ὅτου πατὴρ μὲν τῆσδ' ἀπ' Ἰδαίας χθονὸς
τὰ πρῶτα καλλιστεῖ ἀριστεύσας στρατοῦ
πρὸς οἶκον ἦλθεν πᾶσαν εὔκλειαν φέρων·
ἐγὼ δ' ὁ κείνου παῖς, τὸν αὐτὸν ἐς τόπον
Τροίας ἐπελθὼν οὐκ ἐλάσσονι σθένει,

οὐδ' ἔργα μείω χειρὸς ἀρκέσας ἐμῆς,   10
ἄτιμος Ἀργείοισιν ὧδ' ἀπόλλυμαι.
καίτοι τοσοῦτόν γ' ἐξεπίστασθαι δοκῶ,
εἰ ζῶν Ἀχιλλεὺς τῶν ὅπλων τῶν ὧν πέρι
κρίνειν ἔμελλε κράτος ἀριστείας τινί,
οὐκ ἄν τις αὔτ' ἔμαρψεν ἄλλος ἀντ' ἐμοῦ.   15
νῦν δ' αὖτ' Ἀτρεῖδαι φωτὶ παντουργῷ
    φρένας
ἔπραξαν, ἀνδρὸς τοῦδ' ἀπώσαντες κράτη.
κεἰ μὴ τόδ' ὄμμα καὶ φρένες διάστροφοι
γνώμης ἀπῇξαν τῆς ἐμῆς, οὐκ ἄν ποτε
δίκην κατ' ἄλλου φωτὸς ὧδ' ἐψήφισαν.   20
νῦν δ' ἡ Διὸς γοργῶπις ἀδάματος θεὰ
ἤδη μ' ἐπ' αὐτοῖς χεῖρ' ἐπεντύνοντ' ἐμὴν
ἔσφηλεν ἐμβαλοῦσα λυσσώδη νόσον,
ὥστ' ἐν τοιοῖσδε χεῖρας αἱμάξαι βοτοῖς·
κεῖνοι δ' ἐπεγγελῶσιν ἐκπεφευγότες,   25
ἐμοῦ μὲν οὐχ ἑκόντος· εἰ δέ τις θεῶν
βλάπτοι, φύγοι τἂν χὠ κακὸς τὸν κρείσσονα.
καὶ νῦν τί χρὴ δρᾶν; ὅστις ἐμφανῶς θεοῖς
ἐχθαίρομαι, μισεῖ δέ μ' Ἑλλήνων στρατός,
ἔχθει δὲ Τροία πᾶσα καὶ πεδία τάδε.   30
πότερα πρὸς οἴκους, ναυλόχους λιπὼν ἕδρας
μόνους τ' Ἀτρείδας, πέλαγος Αἰγαῖον περῶ;

καὶ ποῖον ὄμμα πατρὶ δηλώσω φανεὶς
Τελαμῶνι; πῶς με τλήσεταί ποτ' εἰσιδεῖν
35 γυμνὸν φανέντα τῶν ἀριστείων ἄτερ,
ὧν αὐτὸς ἔσχε στέφανον εὐκλείας μέγαν;
οὐκ ἔστι τοὔργον τλητόν. ἀλλὰ δῆτ' ἰὼν
πρὸς ἔρυμα Τρώων, ξυμπεσὼν μόνος μόνοις
καὶ δρῶν τι χρηστόν, εἶτα λοίσθιον θάνω;
40 ἀλλ' ὧδε γ' Ἀτρείδας ἂν εὐφράναιμί που.
οὐκ ἔστι ταῦτα. πεῖρά τις ζητητέα
τοιάδ' ἀφ' ἧς γέροντι δηλώσω πατρὶ
μή τοι φύσιν γ' ἄσπλαγχνος ἐκ κείνου
γεγώς.
αἰσχρὸν γὰρ ἄνδρα τοῦ μακροῦ χρῄζειν βίου,
45 κακοῖσιν ὅστις μηδὲν ἐξαλλάσσεται.
τί γὰρ παρ' ἦμαρ ἡμέρα τέρπειν ἔχει
προσθεῖσα κἀναθεῖσα τοῦ γε κατθανεῖν;
οὐκ ἂν πριαίμην οὐδενὸς λόγου βροτόν
ὅστις κεναῖσιν ἐλπίσιν θερμαίνεται.
50 ἀλλ' ἢ καλῶς ζῆν, ἢ καλῶς τεθνηκέναι
τὸν εὐγενῆ χρή. πάντ' ἀκήκοας λόγον.

SOPH. *Ajax*, 430-480.

(80)

Tecmessa speaks: 'Remember, my dear lord, that in dying thou wilt leave thy wife a widow and thy son a slave: the misery will be ours, but the shame and blame all thine own. For thy father's sake, and thy mother's, and for mine, desert us not!'

ὦ δέσποτ' Αἴας, τῆς ἀναγκαίας τύχης
οὐκ ἔστιν οὐδὲν μεῖζον ἀνθρώποις κακόν.
ἐγὼ δ' ἐλευθέρου μὲν ἐξέφυν πατρός,
εἴπερ τινὸς σθένοντος ἐν πλούτῳ Φρυγῶν·
νῦν δ' εἰμὶ δούλη. θεοῖς γὰρ ὧδ' ἔδοξέ που   5
καὶ σῇ μάλιστα χειρί. τοιγαροῦν, ἐπεὶ
τὸ σὸν λέχος ξυνῆλθον, εὖ φρονῶ τὰ σά,
καί σ' ἀντιάζω πρός τ' ἐφεστίου Διὸς
εὐνῆς τε τῆς σῆς, ᾗ συνηλλάχθης ἐμοί,
μή μ' ἀξιώσῃς βάξιν ἀλγεινὴν λαβεῖν   10
τῶν σῶν ὑπ' ἐχθρῶν, χειρίαν ἐφεὶς τινι.
ᾗ γὰρ θάνῃς σὺ καὶ τελευτήσας ἀφῇς,
ταύτῃ νόμιζε κἀμὲ τῇ τόθ' ἡμέρᾳ

βίᾳ ξυναρπασθεῖσαν Ἀργείων ὕπο
15 ξὺν παιδὶ τῷ σῷ δουλίαν ἕξειν τροφήν.
καί τις πικρὸν πρόσφθεγμα δεσποτῶν ἐρεῖ
λόγοις ἰάπτων, ἴδετε τὴν ὁμευνέτιν
Αἴαντος, ὃς μέγιστον ἴσχυσε στρατοῦ,
οἵας λατρείας ἀνθ' ὅσου ζήλου τρέφει.
20 τοιαῦτ' ἐρεῖ τις. κἀμὲ μὲν δαίμων ἐλᾷ,
σοὶ δ' αἰσχρὰ τἄπη ταῦτα καὶ τῷ σῷ γένει.
ἀλλ' αἴδεσαι μὲν πατέρα τὸν σὸν ἐν λυγρῷ
γήρᾳ προλείπων, αἴδεσαι δὲ μητέρα
πολλῶν ἐτῶν κληροῦχον, ἥ σε πολλάκις
25 θεοῖς ἀρᾶται ζῶντα πρὸς δόμους μολεῖν·
οἴκτειρε δ', ὦναξ, παῖδα τὸν σόν, εἰ νέας
τροφῆς στερηθεὶς σοῦ διοίσεται μόνος
ὑπ' ὀρφανιστῶν μὴ φίλων, ὅσον κακὸν
κείνῳ τε κἀμοὶ τοῦθ', ὅταν θάνῃς, νεμεῖς.
30 ἐμοὶ γὰρ οὐκέτ' ἔστιν εἰς ὅ τι βλέπω
πλὴν σοῦ. σὺ γάρ μοι πατρίδ' ᾔστωσας δόρει,
καὶ μητέρ' ἄλλη μοῖρα τὸν φύσαντά τε
καθεῖλεν Ἅιδου θανασίμους οἰκήτορας.
τίς δῆτ' ἐμοὶ γένοιτ' ἂν ἀντὶ σοῦ πατρίς;
35 τίς πλοῦτος; ἐν σοὶ πᾶς ἔγωγε σώζομαι.
ἀλλ' ἴσχε κἀμοῦ μνῆστιν. ἀνδρί τοι χρεὼν
μνήμην προσεῖναι, τερπνὸν εἴ τί που πάθοι.

χάρις χάριν γάρ ἐστιν ἡ τίκτουσ' ἀεί·
ὅτου δ' ἀπορρεῖ μνῆστις εὖ πεπονθότος,
οὐκ ἂν γένοιτ' ἔθ' οὗτος εὐγενὴς ἀνήρ.   40
           SOPH. *Ajax*, 485-524.

(81)

Ajax speaks: '*Lift him, lift him to my arms, my son Eurysaces. He is too true a son of his father to quail before this scene of blood, though as yet his heart is light within him, as a child's heart should be. The day will come when he must shew his breeding, his own father's son; till then, let him be his mother's joy. When I am gone, Teucer will be his protector. And you, my mariners, will take the boy with you and land him safe at Salamis, that he may take my place in my father's house, and tend my mother's failing years. Bury my arms with me; all but the shield; that is for my boy. And now, close the door; my malady needs a sharp remedy.*'

αἶρ' αὐτὸν, αἶρε δεῦρο. ταρβήσει γὰρ οὔ,
εἴπερ δικαίως ἔστ' ἐμὸς τὰ πατρόθεν.

ἀλλ' αὐτίκ' ὠμοῖς αὐτὸν ἐν νόμοις πατρὸς
δεῖ πωλοδαμνεῖν κἀξομοιοῦσθαι φύσιν.
ὦ παῖ, γένοιο πατρὸς εὐτυχέστερος,
τὰ δ' ἄλλ' ὅμοιος· καὶ γένοι' ἂν οὐ κακός.
καίτοι σε καὶ νῦν τοῦτό γε ζηλοῦν ἔχω,
ὁθούνεκ' οὐδὲν τῶνδ' ἐπαισθάνει κακῶν.
ἐν τῷ φρονεῖν γὰρ μηδὲν ἥδιστος βίος,
ἕως τὸ χαίρειν καὶ τὸ λυπεῖσθαι μάθῃς.
ὅταν δ' ἵκῃ πρὸς τοῦτο, δεῖ σ' ὅπως πατρὸς
δείξεις ἐν ἐχθροῖς οἷος ἐξ οἵου 'τράφης.
τέως δὲ κούφοις πνεύμασιν βόσκου, νέαν
ψυχὴν ἀτάλλων, μητρὶ τῇδε χαρμονήν.
οὔτοι σ' Ἀχαιῶν, οἶδα, μή τις ὑβρίσῃ
στυγναῖσι λώβαις, οὐδὲ χωρὶς ὄντ' ἐμοῦ.
τοῖον πυλωρὸν φύλακα Τεῦκρον ἀμφὶ σοὶ
λείψω τροφῆς ἄοκνον ἔμπα κεὶ τανῦν
τηλωπὸς οἰχνεῖ, δυσμενῶν θήραν ἔχων.
ἀλλ', ἄνδρες ἀσπιστῆρες, ἐνάλιος λεώς,
ὑμῖν τε κοινὴν τήνδ' ἐπισκήπτω χάριν,
κείνῳ τ' ἐμὴν ἀγγείλατ' ἐντολήν, ὅπως
τὸν παῖδα τόνδε πρὸς δόμους ἐμοὺς ἄγων
Τελαμῶνι δείξει μητρί τ', Ἐριβοίαν λέγω,
ὥς σφιν γένηται γηροβοσκὸς εἰσαεί,
καὶ τἀμὰ τεύχη μήτ' ἀγωνάρχαι τινὲς

θήσουσ' Ἀχαιοῖς μήθ' ὁ λυμεὼν ἐμός.
ἀλλ' αὐτό μοι σὺ, παῖ, λαβὼν ἐπώνυμον,
Εὐρύσακες, ἴσχε διὰ πολυρράφου στρέφων
πόρπακος ἑπτάβοιον ἄρρηκτον σάκος·   30
τὰ δ' ἄλλα τεύχη κοίν' ἐμοὶ τεθάψεται.
ἀλλ' ὡς τάχος τὸν παῖδα τόνδ' ἤδη δέχου,
καὶ δῶμα πάκτου, μηδ' ἐπισκήνους γόους
δάκρυε. κάρτα τοι φιλοίκτιστον γυνή.
πύκαζε θᾶσσον· οὐ πρὸς ἰατροῦ σοφοῦ   35
θρηνεῖν ἐπῳδὰς πρὸς τομῶντι πήματι.
                        Soph. *Ajax*, 545-582.

(82)

Ajax dissembles his dread purpose, and affects submission to the will of heaven. He will but go to the fields that skirt the sea shore. There he will wash off his guilty stains. His wife and these his friends must pray that he may gain his heart's desire. He must go. Perhaps they may hear that after all his troubles he has found peace.

ἅπανθ' ὁ μακρὸς κἀναρίθμητος χρόνος
φύει τ' ἄδηλα καὶ φανέντα κρύπτεται·

κοὐκ ἔστ' ἄελπτον οὐδέν, ἀλλ' ἁλίσκεται
χὠ δεινὸς ὅρκος χαἰ περισκελεῖς φρένες.
κἀγὼ γάρ, ὃς τὰ δείν' ἐκαρτέρουν τότε,
βαφῇ σίδηρος ὣς ἐθηλύνθην στόμα
πρὸς τῆσδε τῆς γυναικός· οἰκτείρω δέ νιν
χήραν παρ' ἐχθροῖς παῖδά τ' ὀρφανὸν λιπεῖν.
ἀλλ' εἶμι πρός τε λουτρὰ καὶ παρακτίους
λειμῶνας, ὡς ἂν λύμαθ' ἁγνίσας ἐμὰ
μῆνιν βαρεῖαν ἐξαλύξωμαι θεᾶς·
μολών τε χῶρον ἔνθ' ἂν ἀστιβῆ κίχω
κρύψω τόδ' ἔγχος τοὐμόν, ἔχθιστον βελῶν,
γαίας ὀρύξας ἔνθα μή τις ὄψεται·
ἀλλ' αὐτὸ νὺξ Ἅιδης τε σωζόντων κάτω.
ἐγὼ γὰρ ἐξ οὗ χειρὶ τοῦτ' ἐδεξάμην
παρ' Ἕκτορος δώρημα δυσμενεστάτου,
οὔπω τι κεδνὸν ἔσχον Ἀργείων πάρα.
ἀλλ' ἔστ' ἀληθὴς ἡ βροτῶν παροιμία,
ἐχθρῶν ἄδωρα δῶρα κοὐκ ὀνήσιμα.
τοιγὰρ τὸ λοιπὸν εἰσόμεσθα μὲν θεοῖς
εἴκειν, μαθησόμεσθα δ' Ἀτρείδας σέβειν.
ἄρχοντές εἰσιν, ὥσθ' ὑπεικτέον. τί μή;
καὶ γὰρ τὰ δεινὰ καὶ τὰ καρτερώτατα
τιμαῖς ὑπείκει· τοῦτο μὲν νιφοστιβεῖς
χειμῶνες ἐκχωροῦσιν εὐκάρπῳ θέρει·

ἐξίσταται δὲ νυκτὸς αἰανὴς κύκλος
τῇ λευκοπώλῳ φέγγος ἡμέρᾳ φλέγειν·
δεινῶν τ' ἄημα πνευμάτων ἐκοίμισε
στένοντα πόντον· ἐν δ' ὁ παγκρατὴς ὕπνος   30
λύει πεδήσας, οὐδ' ἀεὶ λαβὼν ἔχει.
ἡμεῖς δὲ πῶς οὐ γνωσόμεσθα σωφρονεῖν;
ἐπίσταμαι γὰρ ἀρτίως μαθὼν ὅτι
ὅ τ' ἐχθρὸς ἡμῖν ἐς τοσόνδ' ἐχθαρτέος
ὡς καὶ φιλήσων αὖθις, ἔς τε τὸν φίλον   35
τοσαῦθ' ὑπουργῶν ὠφελεῖν βουλήσομαι,
ὡς αἰὲν οὐ μενοῦντα· τοῖς πολλοῖσι γὰρ
βροτῶν ἄπιστός ἐσθ' ἑταιρείας λιμήν.
ἀλλ' ἀμφὶ μὲν τούτοισιν εὖ σχήσει· σὺ δὲ
εἴσω θεοῖς ἐλθοῦσα διὰ τέλους, γύναι,   40
εὔχου τελεῖσθαι τοὐμὸν ὧν ἐρᾷ κέαρ.
ὑμεῖς θ', ἑταῖροι, ταὐτὰ τῇδέ μοι τάδε
τιμᾶτε, Τεύκρῳ τ', ἢν μόλῃ, σημήνατε
μέλειν μὲν ἡμῶν, εὐνοεῖν δ' ὑμῖν ἅμα.
ἐγὼ γὰρ εἶμ' ἐκεῖσ' ὅποι πορευτέον·   45
ὑμεῖς δ' ἃ φράζω δρᾶτε, καὶ τάχ' ἂν μ' ἴσως
πύθοισθε, κεἰ νῦν δυστυχῶ, σεσωσμένον.

SOPH. *Ajax*, 646-692.

(83)

Ajax speaks: '*There stands my sword, Hector's gift: it should do its bloody work well. Zeus, I crave two boons, and but two, of Thee: let Teucer find my body, and let me not be flung to dogs and vultures. Hermes, grant me quick death. Furies, avenge me! And, thou Sun God, stay thy car o'er Salamis, and break the news to my father and mother. O Death—now—but soft! what I have to say to thee I can say anon face to face. My last thoughts are of Salamis and home and Athens and the streams of Troy—to all, farewell. The rest I will say to the ghosts below.*'

ὁ μὲν σφαγεὺς ἕστηκεν ᾗ τομώτατος
γένοιτ᾽ ἄν, εἴ τῳ καὶ λογίζεσθαι σχολή,
δῶρον μὲν ἀνδρὸς Ἕκτορος ξένων ἐμοὶ
μάλιστα μισηθέντος, ἐχθίστου θ᾽ ὁρᾶν·
5 πέπηγε δ᾽ ἐν γῇ πολεμίᾳ τῇ Τρῳάδι,
σιδηροβρῶτι θηγάνῃ νεηκονής·
ἔπηξα δ᾽ αὐτὸν εὖ περιστείλας ἐγώ,
εὐνούστατον τῷδ᾽ ἀνδρὶ διὰ τάχους θανεῖν.
οὕτω μὲν εὐσκευοῦμεν· ἐκ δὲ τῶνδέ μοι
10 σὺ πρῶτος, ὦ Ζεῦ, καὶ γὰρ εἰκός, ἄρκεσον.
αἰτήσομαι δέ σ᾽ οὐ μακρὸν γέρας λαβεῖν·

πέμψον τιν' ἡμῖν ἄγγελον, κακὴν φάτιν
Τεύκρῳ φέροντα, πρῶτος ὥς με βαστάσῃ
πεπτῶτα τῷδε περὶ νεορράντῳ ξίφει,
καὶ μὴ πρὸς ἐχθρῶν του κατοπτευθεὶς πάρος   15
ῥιφθῶ κυσὶν πρόβλητος οἰωνοῖς θ' ἕλωρ.
τοσαῦτά σ', ὦ Ζεῦ, προστρέπω, καλῶ δ' ἅμα
πομπαῖον Ἑρμῆν χθόνιον, εὖ με κοιμίσαι,
ξὺν ἀσφαδάστῳ καὶ ταχεῖ πηδήματι
πλευρὰν διαρρήξαντα τῷδε φασγάνῳ.   20
καλῶ δ' ἀρωγοὺς τὰς ἀεί τε παρθένους
ἀεὶ θ' ὁρώσας πάντα τἀν βροτοῖς πάθη,
σεμνὰς Ἐρινῦς τανύποδας μαθεῖν ἐμὲ
πρὸς τῶν Ἀτρειδῶν ὡς διόλλυμαι τάλας.
ἴτ', ὦ ταχεῖαι ποίνιμοί τ' Ἐρινύες,   25
γεύεσθε, μὴ φείδεσθε πανδήμου στρατοῦ.
σὺ δ', ὦ τὸν αἰπὺν οὐρανὸν διφρηλατῶν
  Ἥλιε, πατρῴαν τὴν ἐμὴν ὅταν χθόνα
ἴδῃς, ἐπισχὼν χρυσόνωτον ἡνίαν
ἄγγειλον ἄτας τὰς ἐμὰς μόρον τ' ἐμὸν   30
γέροντι πατρὶ τῇ τε δυστήνῳ τροφῷ.
ἦ που τάλαινα, τήνδ' ὅταν κλύῃ φάτιν,
ἥσει μέγαν κωκυτὸν ἐν πάσῃ πόλει.
ἀλλ' οὐδὲν ἔργον ταῦτα θρηνεῖσθαι μάτην,
ἀλλ' ἀρκτέον τὸ πρᾶγμα σὺν τάχει τινί.   35

ὦ Θάνατε Θάνατε, νῦν μ' ἐπίσκεψαι μολών·
καίτοι σὲ μὲν κἀκεῖ προσαυδήσω ξυνών·
σὲ δ', ὦ φαεννῆς ἡμέρας τὸ νῦν σέλας,
καὶ τὸν διφρευτὴν Ἥλιον προσεννέπω,
40 πανύστατον δὴ κοὔποτ' αὖθις ὕστερον.
ὦ φέγγος, ὦ γῆς ἱρὸν οἰκείας πέδον
Σαλαμῖνος, ὦ πατρῷον ἑστίας βάθρον,
κλειναί τ' Ἀθῆναι καὶ τὸ σύντροφον γένος,
κρῆναί τε ποταμοί θ' οἵδε, καὶ τὰ Τρωικὰ
45 πεδία προσαυδῶ, χαίρετ', ὦ τροφῆς ἐμοί·
τοῦθ' ὑμὶν Αἴας τοὔπος ὕστατον θροεῖ,
τὰ δ' ἄλλ' ἐν Ἅιδου τοῖς κάτω μυθήσομαι.
                              SOPH. *Ajax*, 815-838, 843-865.

(84)

Teucer, on finding his dead brother, speaks: 'O sight to break my heart: thou art gone, brother, and the blame is mine! I should have guarded thee better. What shall I do? whither go? home? welcome, truly, should I be to our grim father, appearing alone without thee. And now, how draw thee from this flashing sword, Hector's sword? A foe's gift brings death.'

ὦ τῶν ἁπάντων δὴ θεαμάτων ἐμοὶ
ἄλγιστον ὧν προσεῖδον ὀφθαλμοῖς ἐγώ,

ὁδός θ' ὁδῶν πασῶν ἀνιάσασα δὴ
μάλιστα τοὐμὸν σπλάγχνον, ἣν δὴ νῦν ἔβην,
ὦ φίλτατ' Αἴας, τὸν σὸν ὡς ἐπῃσθόμην 5
μόρον διώκων κἀξιχνοσκοπούμενος.
ὀξεῖα γάρ σου βάξις, ὡς θεοῦ τινος,
διῆλθ' Ἀχαιοὺς πάντας ὡς οἴχει θανών.
ἀγὼ κλύων δύστηνος ἐκποδὼν μὲν ὢν
ὑπεστέναζον, νῦν δ' ὁρῶν ἀπόλλυμαι. 10
οἴμοι.
ἴθ', ἐκκάλυψον, ὡς ἴδω τὸ πᾶν κακόν.
ὦ δυσθέατον ὄμμα καὶ τόλμης πικρᾶς,
ὅσας ἀνίας μοι κατασπείρας φθίνεις.
ποῖ γὰρ μολεῖν μοι δυνατόν, ἐς ποίους βροτούς, 15
τοῖς σοῖς ἀρήξαντ' ἐν πόνοισι μηδαμοῦ;
ἦ πού με Τελαμών, σὸς πατὴρ ἐμός θ' ἅμα,
δέξαιτ' ἂν εὐπρόσωπος ἵλεώς τ' ἴσως
χωροῦντ' ἄνευ σοῦ.   πῶς γὰρ οὔχ; ὅτῳ πάρα
μηδ' εὐτυχοῦντι μηδὲν ἵλεων γελᾶν. 20
οὗτος τί κρύψει; ποῖον οὐκ ἐρεῖ κακόν,
τὸν ἐκ δορὸς γεγῶτα πολεμίου νόθον,
τὸν δειλίᾳ προδόντα καὶ κακανδρίᾳ
σέ, φίλτατ' Αἴας, ἢ δόλοισιν, ὡς τὰ σὰ
κράτη θανόντος καὶ δόμους νέμοιμι σούς. 25
τοιαῦτ' ἀνὴρ δύσοργος, ἐν γήρᾳ βαρύς,

ἐρεῖ, πρὸς οὐδὲν εἰς ἔριν θυμούμενος.
τέλος δ' ἄπωστος γῆς ἀπορριφθήσομαι,
δοῦλος λόγοισιν ἀντ' ἐλευθέρου φανείς.
30 τοιαῦτα μὲν κατ' οἶκον· ἐν Τροίᾳ δέ μοι
πολλοὶ μὲν ἐχθροί, παῦρα δ' ὠφελήσιμα.
καὶ ταῦτα πάντα σοῦ θανόντος ηὑρόμην.
οἴμοι, τί δράσω; πῶς σ' ἀποσπάσω πικροῦ
τοῦδ' αἰόλου κνώδοντος, ὦ τάλας, ὑφ' οὗ
35 φονέως ἄρ' ἐξέπνευσας; εἶδες ὡς χρόνῳ
ἔμελλέ σ' Ἕκτωρ καὶ θανὼν ἀποφθιεῖν;
σκέψασθε, πρὸς θεῶν, τὴν τύχην δυοῖν βροτοῖν.
Ἕκτωρ μέν, ᾧ δὴ τοῦδ' ἐδωρήθη πάρα,
ζωστῆρι πρισθεὶς ἱππικῶν ἐξ ἀντύγων
40 ἐκνάπτετ' αἰέν, ἔς τ' ἀπέψυξεν βίον·
οὗτος δ' ἐκείνου τήνδε δωρεὰν ἔχων,
πρὸς τοῦδ' ὄλωλε θανασίμῳ πεσήματι.
ἆρ' οὐκ Ἐρινὺς τοῦτ' ἐχάλκευσεν ξίφος
κἀκεῖνον Ἅιδης, δημιουργὸς ἄγριος;
45 ἐγὼ μὲν οὖν καὶ ταῦτα καὶ τὰ πάντ' ἀεὶ
φάσκοιμ' ἂν ἀνθρώποισι μηχανᾶν θεούς·
ὅτῳ δὲ μὴ τάδ' ἐστὶν ἐν γνώμῃ φίλα,
κεῖνός τ' ἐκεῖνα στεργέτω κἀγὼ τάδε.

                            SOPH. *Ajax*, 992-1039.

(85)

Menelaus speaks: Ajax must not be buried.
Teucer speaks: Why?
Menelaus speaks: Because we have so decided.
Teucer speaks: But why?
*Menelaus speaks: Because he proved our bitterest foe:
he must be flung to the dogs and vultures: if we
could not control him living, we will control him
dead. These roystering bullies need a lesson.
Bury him not, I say, or thou art like to find a
grave.*

ΜΕΝΕΛΑΟΣ.

οὗτος, σὲ φωνῶ τόνδε τὸν νεκρὸν χεροῖν
μὴ συγκομίζειν, ἀλλ' ἐᾶν ὅπως ἔχει.

ΤΕΥΚΡΟΣ.

τίνος χάριν τοσόνδ' ἀνάλωσας λόγον;

ΜΕΝΕΛΑΟΣ.

δοκοῦντ' ἐμοί, δοκοῦντα δ' ὃς κραίνει στρατοῦ.

ΤΕΥΚΡΟΣ.

οὔκουν ἂν εἴποις ἥντιν' αἰτίαν προθείς; 5

ΜΕΝΕΛΑΟΣ.

ὁθούνεκ' αὐτὸν ἐλπίσαντες οἴκοθεν
ἄγειν Ἀχαιοῖς ξύμμαχόν τε καὶ φίλον,
ἐξηύρομεν ζητοῦντες ἐχθίω Φρυγῶν·
ὅστις στρατῷ ξύμπαντι βουλεύσας φόνον
10 νύκτωρ ἐπεστράτευσεν, ὡς ἕλοι δόρει·
κεἰ μὴ θεῶν τις τήνδε πεῖραν ἔσβεσεν,
ἡμεῖς μὲν ἂν τήνδ', ἣν ὅδ' εἴληχεν τύχην,
θανόντες ἂν προυκείμεθ' αἰσχίστῳ μόρῳ,
οὗτος δ' ἂν ἔζη.   νῦν δ' ἐνήλλαξεν θεὸς
15 τὴν τοῦδ' ὕβριν πρὸς μῆλα καὶ ποίμνας πεσεῖν.
ὧν οὕνεκ' αὐτὸν οὔτις ἔστ' ἀνὴρ σθένων
τοσοῦτον ὥστε σῶμα τυμβεῦσαι τάφῳ,
ἀλλ' ἀμφὶ χλωρὰν ψάμαθον ἐκβεβλημένος
ὄρνισι φορβὴ παραλίοις γενήσεται.
20 πρὸς ταῦτα μηδὲν δεινὸν ἐξάρῃς μένος.
εἰ γὰρ βλέποντος μὴ 'δυνήθημεν κρατεῖν,
πάντως θανόντος γ' ἄρξομεν, κἂν μὴ θέλῃς,
χερσὶν παρευθύνοντες.   οὐ γὰρ ἔσθ' ὅπου
λόγων ἀκοῦσαι ζῶν ποτ' ἠθέλησ' ἐμῶν.
25 καίτοι κακοῦ πρὸς ἀνδρὸς ἄνδρα δημότην
μηδὲν δικαιοῦν τῶν ἐφεστώτων κλύειν.
οὐ γάρ ποτ' οὔτ' ἂν ἐν πόλει νόμοι καλῶς
φέροιντ' ἄν, ἔνθα μὴ καθεστήκῃ δέος,

οὔτ' ἂν στρατός γε σωφρόνως ἄρχοιτ' ἔτι
μηδὲν φόβου πρόβλημα μηδ' αἰδοῦς ἔχων. 30
ἀλλ' ἄνδρα χρή, κἂν σῶμα γεννήσῃ μέγα,
δοκεῖν πεσεῖν ἂν κἂν ἀπὸ σμικροῦ κακοῦ.
δέος γὰρ ᾧ πρόσεστιν αἰσχύνη θ' ὁμοῦ,
σωτηρίαν ἔχοντα τόνδ' ἐπίστασο·
ὅπου δ' ὑβρίζειν δρᾶν θ' ἃ βούλεται παρῇ, 35
ταύτην νόμιζε τὴν πόλιν χρόνῳ ποτὲ
ἐξ οὐρίων δραμοῦσαν εἰς βυθὸν πεσεῖν.
ἀλλ' ἑστάτω μοι καὶ δέος τι καίριον,
καὶ μὴ δοκῶμεν, δρῶντες ἂν ἡδώμεθα,
οὐκ ἀντιτίσειν αὖθις ἂν λυπώμεθα. 40
ἕρπει παραλλὰξ ταῦτα. πρόσθεν οὗτος ἦν
αἴθων ὑβριστής, νῦν δ' ἐγὼ μέγ' αὖ φρονῶ.
καί σοι προφωνῶ τόνδε μὴ θάπτειν, ὅπως
μὴ τόνδε θάπτων αὐτὸς εἰς ταφὰς πέσῃς.

SOPH. *Ajax*, 1047-1090.

(86)

Teucer speaks: '*How can we wonder that common folk go astray, when we hear such folly from the lips of the nobly born? What! Ajax a subject of thine! How so? rule thy own slaves, and*

*presume not to dictate thine orders to free men.
We fought for our own hand, not for thee nor
for thy wife. I will bury my brother in spite of
thee or the other general. Go and fetch him, an
thou wilt. I care naught for thee or him.*'

οὐκ ἄν ποτ', ἄνδρες, ἄνδρα θαυμάσαιμ' ἔτι,
ὃς μηδὲν ὢν γοναῖσιν εἶθ' ἁμαρτάνει,
ὅθ' οἱ δοκοῦντες εὐγενεῖς πεφυκέναι
τοιαῦθ' ἁμαρτάνουσιν ἐν λόγοις ἔπη.
5 ἄγ', εἴπ' ἀπ' ἀρχῆς αὖθις, ἢ σὺ φῂς ἄγειν
τὸν ἄνδρ' Ἀχαιοῖς δεῦρο σύμμαχον λαβών;
οὐκ αὐτὸς ἐξέπλευσεν ὡς αὑτοῦ κρατῶν;
ποῦ σὺ στρατηγεῖς τοῦδε; ποῦ δὲ σοὶ λεὼν
ἔξεστ' ἀνάσσειν ὧν ὅδ' ἦγεν οἴκοθεν;
10 Σπάρτης ἀνάσσων ἦλθες, οὐχ ἡμῶν κρατῶν.
οὐδ' ἔσθ' ὅπου σοὶ τόνδε κοσμῆσαι πλέον
ἀρχῆς ἔκειτο θεσμὸς ἢ καὶ τῷδε σέ.
ἀλλ' ὧνπερ ἄρχεις ἄρχε, καὶ τὰ σέμν' ἔπη
κόλαζ' ἐκείνους· τόνδε δ', εἴτε μὴ σὺ φῂς,
15 εἴθ' ἅτερος στρατηγός, ἐς ταφὰς ἐγὼ
θήσω δικαίως, οὐ τὸ σὸν δείσας στόμα.
οὐ γάρ τι τῆς σῆς οὕνεκ' ἐστρατεύσατο
γυναικός, ὥσπερ οἱ πόνου πολλοῦ πλέῳ,
ἀλλ' οὕνεχ' ὅρκων οἷσιν ἦν ἐνώμοτος,

σοῦ δ' οὐδέν· οὐ γὰρ ἠξίου τοὺς μηδένας. 20
πρὸς ταῦτα πλείους δεῦρο κήρυκας λαβὼν
καὶ τὸν στρατηγὸν ἧκε, τοῦ δὲ σοῦ ψόφου
οὐκ ἂν στραφείην, ὡς ἂν ᾖς οἷός περ εἶ.

SOPH. *Ajax*, 1093-1117.

(87)

Agamemnon speaks: '*Sirrah! what means this insolence? This bluster befits not the son of a slave woman. Hadst thou been gently born, thou hadst held thy head high indeed, and bragged past all endurance. And all because the judges gave their verdict for Odysseus and not for Ajax! For this we must be reviled by Teucer, or stabbed in the dark by Ajax! This needs control. We must take order with these rude and burly knaves. When next thou hast aught to say to us, bring with thee an interpreter: thy foreign jargon is all unknown to us.*'

σὲ δὴ τὰ δεινὰ ῥήματ' ἀγγέλλουσί μοι
τλῆναι καθ' ἡμῶν ὧδ' ἀνοιμωκτὶ χανεῖν;
σέ τοι, τὸν ἐκ τῆς αἰχμαλωτίδος λέγω·

ἦ που τραφεὶς ἂν μητρὸς εὐγενοῦς ἄπο
5 ὑψήλ' ἐφώνεις κἀπ' ἄκρων ὡδοιπόρεις,
ὅτ' οὐδὲν ὢν τοῦ μηδὲν ἀντέστης ὕπερ,
κοὔτε στρατηγοὺς οὔτε ναυάρχους μολεῖν
ἡμᾶς Ἀχαιῶν οὔτε σοῦ διωμόσω,
ἀλλ' αὐτὸς ἄρχων, ὡς σὺ φῇς, Αἴας ἔπλει.
10 ταῦτ' οὐκ ἀκούειν μεγάλα πρὸς δούλων κακά;
ποίου κέκραγας ἀνδρὸς ὧδ' ὑπέρφρονα;
ποῦ βάντος ἢ ποῦ στάντος οὗπερ οὐκ ἐγώ;
οὐκ ἆρ' Ἀχαιοῖς ἄνδρες εἰσὶ πλὴν ὅδε;
πικροὺς ἔοιγμεν τῶν Ἀχιλλείων ὅπλων
15 ἀγῶνας Ἀργείοισι κηρῦξαι τότε,
εἰ πανταχοῦ φανούμεθ' ἐκ Τεύκρου κακοὶ,
κοὐκ ἀρκέσει ποθ' ὑμῖν οὐδ' ἡσσημένοις
εἴκειν ἃ τοῖς πολλοῖσιν ἤρεσκεν κριταῖς,
ἀλλ' αἰὲν ἡμᾶς ἢ κακοῖς βαλεῖτέ που,
20 ἢ σὺν δόλῳ κεντήσεθ' οἱ λελειμμένοι.
ἐκ τῶνδε μέντοι τῶν τρόπων οὐκ ἄν ποτε
κατάστασις γένοιτ' ἂν οὐδενὸς νόμου,
εἰ τοὺς δίκῃ νικῶντας ἐξωθήσομεν
καὶ τοὺς ὄπισθεν ἐς τὸ πρόσθεν ἄξομεν.
25 ἀλλ' εἰρκτέον τάδ' ἐστίν· οὐ γὰρ οἱ πλατεῖς
οὐδ' εὐρύνωτοι φῶτες ἀσφαλέστατοι,
ἀλλ' οἱ φρονοῦντες εὖ κρατοῦσι πανταχοῦ.

μέγας δὲ πλευρὰ βοῦς ὑπὸ σμικρᾶς ὅμως
μάστιγος ὀρθὸς εἰς ὁδὸν πορεύεται.
καὶ σοὶ προσέρπον τοῦτ' ἐγὼ τὸ φάρμακον 30
ὁρῶ τάχ', εἰ μὴ νοῦν κατακτήσει τινά·
ὃς ἀνδρὸς οὐκέτ' ὄντος, ἀλλ' ἤδη σκιᾶς,
θαρσῶν ὑβρίζεις κἀξελευθεροστομεῖς.
οὐ σωφρονήσεις ; οὐ μαθὼν ὃς εἶ φύσιν
ἄλλον τιν' ἄξεις ἄνδρα δεῦρ' ἐλεύθερον, 35
ὅστις πρὸς ἡμᾶς ἀντὶ σοῦ λέξει τὰ σά ;
σοῦ γὰρ λέγοντος οὐκέτ' ἂν μάθοιμ' ἐγώ·
τὴν βάρβαρον γὰρ γλῶσσαν οὐκ ἐπαΐω.

SOPH. *Ajax*, 1226-1263.

(88)

Teucer speaks: 'The dead are soon forgotten. And this is he, for whom thou didst so often risk thy life in battle, O my brother, when the blaze of fire was on the ships, and Hector came bounding over the trenches. Then thou wast their champion; now thou art cast aside, and all thy services forgotten. Prince! thy words are wild. Remember the single combat with Hector! who but Ajax then? Bethink thee, too, of the secret history of thine house, and judge whether thou hast reason in taunting a son of Telamon. My mother was a king's daughter, thine a Cretan adulteress, flung to the dumb fishes of the sea! Be thou sure of this, I will bury Ajax, or die for him! I would rather die for him than for thy wife—or thy brother's wife—I care not which.'

φεῦ, τοῦ θανόντος ὡς ταχεῖά τις βροτοῖς
χάρις διαρρεῖ καὶ προδοῦσ' ἁλίσκεται,
εἰ σοῦ γ' ὅδ' ἀνὴρ οὐδ' ἐπὶ σμικρῶν λόγων,
Αἴας, ἔτ' ἴσχει μνῆστιν, οὗ σὺ πολλάκις
5 τὴν σὴν προτείνων προύκαμες ψυχὴν δόρει·
ἀλλ' οἴχεται δὴ πάντα ταῦτ' ἐρριμμένα.
ὦ πολλὰ λέξας ἄρτι κἀνόητ' ἔπη,
οὐ μνημονεύεις οὐκέτ' οὐδέν, ἡνίκα
ἑρκέων ποθ' ὑμᾶς οὗτος ἐγκεκλῃμένους,
10 ἤδη τὸ μηδὲν ὄντας, ἐν τροπῇ δορὸς
ἐρρύσατ' ἐλθὼν μοῦνος, ἀμφὶ μὲν νεῶν
ἄκροισιν ἤδη ναυτικοῖς ἐδωλίοις
πυρὸς φλέγοντος, ἐς δὲ ναυτικὰ σκάφη
πηδῶντος ἄρδην Ἕκτορος τάφρων ὕπερ;
15 τίς ταῦτ' ἀπεῖρξεν; οὐχ ὅδ' ἦν ὁ δρῶν τάδε
ὃν οὐδαμοῦ φῂς οὐδὲ συμβῆναι ποδί;
ἆρ' ὑμῖν οὗτος ταῦτ' ἔδρασεν ἔνδικα;
χὦτ' αὖθις αὐτὸς Ἕκτορος μόνος μόνου

λαχών τε κἀκέλευστος ἦλθ' ἐναντίος,
οὐ δραπέτην τὸν κλῆρον ἐς μέσον καθείς, 20
ὑγρᾶς ἀρούρας βῶλον, ἀλλ' ὃς εὐλόφου
κυνῆς ἔμελλε πρῶτος ἄλμα κουφιεῖν;
ὅδ' ἦν ὁ πράσσων ταῦτα, σὺν δ' ἐγὼ παρών,
ὁ δοῦλος, οὐκ τῆς βαρβάρου μητρὸς γεγώς.
δύστηνε, ποῖ βλέπων ποτ' αὐτὰ καὶ θροεῖς; 25
οὐκ οἶσθα σοῦ πατρὸς μὲν ὃς προύφυ πατὴρ
ἀρχαῖον ὄντα Πέλοπα βάρβαρον Φρύγα;
Ἀτρέα δ', ὃς αὖ σ' ἔσπειρε, δυσσεβέστατον,
προθέντ' ἀδελφῷ δεῖπνον οἰκείων τέκνων·
αὐτὸς δὲ μητρὸς ἐξέφυς Κρήσσης, ἐφ' ᾗ 30
λαβὼν ἐπακτὸν ἄνδρ' ὁ φιτύσας πατὴρ
ἐφῆκεν ἐλλοῖς ἰχθύσιν διαφθοράν.
τοιοῦτος ὢν τοιῷδ' ὀνειδίζεις σποράν;
ὃς ἐκ πατρὸς μέν εἰμι Τελαμῶνος γεγώς,
ὅστις στρατοῦ τὰ πρῶτ' ἀριστεύσας ἐμὴν 35
ἴσχει ξύνευνον μητέρ', ἣ φύσει μὲν ἦν
βασίλεια, Λαομέδοντος· ἔκκριτον δέ νιν
δώρημ' ἐκείνῳ 'δωκεν Ἀλκμήνης γόνος.
ἆρ' ὧδ' ἄριστος ἐξ ἀριστέοιν δυοῖν
βλαστὼν ἂν αἰσχύνοιμι τοὺς πρὸς αἵματος, 40
οὓς νῦν σὺ τοιοῖσδ' ἐν πόνοισι κειμένους
ὠθεῖς ἀθάπτους, οὐδ' ἐπαισχύνει λέγων;

εὖ νῦν τόδ' ἴσθι, τοῦτον εἰ βαλεῖτέ που,
βαλεῖτε χἠμᾶς τρεῖς ὁμοῦ συγκειμένους.
45 ἐπεὶ καλόν μοι τοῦδ' ὑπερπονουμένῳ
θανεῖν προδήλως μᾶλλον ἢ τῆς σῆς ὑπὲρ
γυναικός, ἢ τοῦ σοῦ ξυναίμονος λέγω;
πρὸς ταῦθ' ὅρα μὴ τοὐμόν, ἀλλὰ καὶ τὸ σόν.
ὡς εἴ με πημανεῖς τι, βουλήσει ποτὲ
50 καὶ δειλὸς εἶναι μᾶλλον ἢ 'ν ἐμοὶ θρασύς.

SOPH. *Ajax*, 1266-1315.

(89)

Philoctetes tells his miserable story: how he was marooned on the island, how he made shift to drag on his wretched life; how such sailors as had touched at the island had refused to take him off. 'May the Gods take vengeance upon those who deserted me!'

ὦ πόλλ' ἐγὼ μοχθηρός, ὦ πικρὸς θεοῖς,
οὗ μηδὲ κληδὼν ὧδ' ἔχοντος οἴκαδε
μηδ' Ἑλλάδος γῆς μηδαμοῦ διῆλθέ που.
ἀλλ' οἱ μὲν ἐκβαλόντες ἀνοσίως ἐμὲ
5 γελῶσι σῖγ' ἔχοντες, ἡ δ' ἐμὴ νόσος
ἀεὶ τέθηλε κἀπὶ μεῖζον ἔρχεται.

ὦ τέκνον, ὦ παῖ πατρὸς ἐξ Ἀχιλλέως,
ὅδ' εἴμ' ἐγώ σοι κεῖνος, ὃν κλύεις ἴσως
τῶν Ἡρακλείων ὄντα δεσπότην ὅπλων,
ὁ τοῦ Ποίαντος παῖς Φιλοκτήτης, ὃν οἱ   10
δισσοὶ στρατηγοὶ χὠ Κεφαλλήνων ἄναξ
ἔρριψαν αἰσχρῶς ὧδ' ἔρημον, ἀγρίᾳ
νόσῳ καταφθίνοντα, τῆς ἀνδροφθόρου
πληγέντ' ἐχίδνης ἀγρίῳ χαράγματι·
ξὺν ᾗ μ' ἐκεῖνοι, παῖ, προθέντες ἐνθάδε   15
ᾤχοντ' ἔρημον, ἡνίκ' ἐκ τῆς ποντίας
Χρύσης κατέσχον δεῦρο ναυβάτῃ στόλῳ.
τότ' ἄσμενόν μ' ὡς εἶδον ἐκ πολλοῦ σάλου
εὕδοντ' ἐπ' ἀκτῆς ἐν κατηρεφεῖ πέτρῳ,
λιπόντες ᾤχονθ', οἷα φωτὶ δυσμόρῳ   20
ῥάκη προθέντες βαιὰ καί τι καὶ βορᾶς
ἐπωφέλημα σμικρόν, οἷ' αὐτοῖς τύχοι.
σὺ δή, τέκνον, ποίαν μ' ἀνάστασιν δοκεῖς
αὐτῶν βεβώτων ἐξ ὕπνου στῆναι τότε;
ποῖ' ἐκδακρῦσαι, ποῖ' ἀποιμῶξαι κακά;   25
ὁρῶντα μὲν ναῦς, ἃς ἔχων ἐναυστόλουν,
πάσας βεβώσας, ἄνδρα δ' οὐδέν' ἔντοπον,
οὐχ ὅστις ἀρκέσειεν οὐδ' ὅστις νόσου
κάμνοντι συλλάβοιτο, πάντα δὲ σκοπῶν
ηὕρισκον οὐδὲν πλὴν ἀνιᾶσθαι παρόν   30

τούτου δὲ πολλὴν εὐμάρειαν, ὦ τέκνον.
ὁ μὲν χρόνος δὴ διὰ χρόνου προύβαινέ μοι,
κἄδει τι βαιᾷ τῇδ' ὑπὸ στέγῃ μόνον
διακονεῖσθαι.   γαστρὶ μὲν τὰ σύμφορα
35 τόξον τόδ' ἐξηύρισκε, τὰς ὑποπτέρους
βάλλον πελείας· πρὸς δὲ τοῦθ', ὅ μοι βάλοι
νευροσπαδὴς ἄτρακτος, αὐτὸς ἂν τάλας
εἰλυόμην δύστηνον ἐξέλκων πόδα
πρὸς τοῦτ' ἄν· εἴ τ' ἔδει τι καὶ ποτὸν λαβεῖν,
40 καί που πάγου χυθέντος, οἷα χείματι,
ξύλον τι θραῦσαι, ταῦτ' ἂν ἐξέρπων τάλας
ἐμηχανώμην· εἶτα πῦρ ἂν οὐ παρῆν,
ἀλλ' ἐν πέτροισι πέτρον ἐκτρίβων μόλις
ἔφην' ἄφαντον φῶς, ὃ καὶ σῴζει μ' ἀεί.
45 οἰκουμένη γὰρ οὖν στέγη πυρὸς μέτα
πάντ' ἐκπορίζει πλὴν τὸ μὴ νοσεῖν ἐμέ.
φέρ', ὦ τέκνον, νῦν καὶ τὸ τῆς νήσου μάθῃς.
ταύτῃ πελάζει ναυβάτης οὐδεὶς ἑκών·
οὐ γάρ τις ὅρμος ἔστιν, οὐδ' ὅποι πλέων
50 ἐξεμπολήσει κέρδος ἢ ξενώσεται.
οὐκ ἐνθάδ' οἱ πλοῖ τοῖσι σώφροσιν βροτῶν.
τάχ' οὖν τις ἄκων ἔσχε· πολλὰ γὰρ τάδε
ἐν τῷ μακρῷ γένοιτ' ἂν ἀνθρώπων χρόνῳ·
οὗτοί μ', ὅταν μόλωσιν, ὦ τέκνον, λόγοις

ἐλεοῦσι μὲν, καί πού τι καὶ βορᾶς μέρος   55
προσέδοσαν οἰκτείραντες ἤ τινα στολήν·
ἐκεῖνο δ' οὐδείς, ἡνίκ' ἂν μνησθῶ, θέλει,
σῶσαί μ' ἐς οἴκους, ἀλλ' ἀπόλλυμαι τάλας
ἔτος τόδ' ἤδη δέκατον ἐν λιμῷ τε καὶ
κακοῖσι βόσκων τὴν ἀδηφάγον νόσον.   60
τοιαῦτ' Ἀτρεῖδαί μ' ἤ τ' Ὀδυσσέως βία,
ὦ παῖ, δεδράκασ', οἷ' Ὀλύμπιοι θεοὶ
δοῖέν ποτ' αὐτοῖς ἀντίποιν' ἐμοῦ παθεῖν.
                                   Soph. *Phil.* 254-316.

(90)

Philoctetes entreats Neoptolemus not to leave him: let him fling him into the hold—anywhere—but not abandon him on the island. It was but one day's sail. Let him remember that the changes and chances of life are common to all. It may be his lot one day to need help and pity.

πρός νύν σε πατρός, πρός τε μητρός, ὦ τέκνον,
πρός τ' εἴ τί σοι κατ' οἶκόν ἐστι προσφιλές,
ἱκέτης ἱκνοῦμαι, μὴ λίπῃς μ' οὕτω μόνον,
ἔρημον ἐν κακοῖσι τοῖσδ' οἵοις ὁρᾷς
ὅσοισί τ' ἐξήκουσας ἐνναίοντά με·   5

ἀλλ' ἐν παρέργῳ θοῦ με. δυσχέρεια μὲν,
ἔξοιδα, πολλὴ τοῦδε τοῦ φορήματος·
ὅμως δὲ τλῆθι. τοῖσι γενναίοισί τοι
τό τ' αἰσχρὸν ἐχθρὸν καὶ τὸ χρηστὸν εὐκλεές.
10 σοὶ δ', ἐκλιπόντι τοῦτ', ὄνειδος οὐ καλόν,
δράσαντι δ', ὦ παῖ, πλεῖστον εὐκλείας γέρας,
ἐὰν μόλω 'γώ ζῶν πρὸς Οἰταίαν χθόνα.
ἴθ'· ἡμέρας τοι μόχθος οὐχ ὅλης μιᾶς.
τόλμησον, ἐμβαλοῦ μ' ὅπῃ θέλεις ἄγων,
15 εἰς ἀντλίαν, ἐς πρῷραν, ἐς πρύμνην, ὅπου
ἥκιστα μέλλω τοὺς ξυνόντας ἀλγυνεῖν.
νεῦσον, πρὸς αὐτοῦ Ζηνὸς ἱκεσίου, τέκνον,
πείσθητι· προσπίτνω σε γόνασι, καίπερ ὢν
ἀκράτωρ ὁ τλήμων, χωλός. ἀλλὰ μή μ' ἀφῇς
20 ἔρημον οὕτω χωρὶς ἀνθρώπων στίβου,
ἀλλ' ἢ πρὸς οἶκον τὸν σὸν ἔκσωσόν μ' ἄγων,
ἢ πρὸς τὰ Χαλκώδοντος Εὐβοίας σταθμά·
κἀκεῖθεν οὔ μοι μακρὸς εἰς Οἴτην στόλος
Τραχινίαν τε δεράδα καὶ τὸν εὔροον
25 Σπερχειὸν ἔσται, πατρί μ' ὡς δείξῃς φίλῳ,
ὃν δὴ παλαιὸν ἐξ ὅτου δέδοικ' ἐγὼ
μή μοι βεβήκῃ. πολλὰ γὰρ τοῖς ἱγμένοις
ἔστελλον αὐτὸν ἱκεσίους πέμπων λιτάς,
αὐτόστολον πέμψαντά μ' ἐκσῶσαι δόμοις.

ἀλλ' ἢ τέθνηκεν, ἢ τὰ τῶν διακόνων,   30
ὡς εἰκός, οἶμαι, τοὐμὸν ἐν σμικρῷ μέρος
ποιούμενοι τὸν οἴκαδ' ἤπειγον στόλον.
νῦν δ', ἐς σὲ γὰρ πομπόν τε καὐτὸν ἄγγελον
ἥκω, σὺ σῶσον, σύ μ' ἐλέησον, εἰσορῶν
ὡς πάντα δεινὰ κἀπικινδύνως βροτοῖς   35
κεῖται, παθεῖν μὲν εὖ, παθεῖν δὲ θάτερα.
χρὴ δ' ἐκτὸς ὄντα πημάτων τὰ δείν' ὁρᾶν,
χὤταν τις εὖ ζῇ, τηνικαῦτα τὸν βίον
σκοπεῖν μάλιστα μὴ διαφθαρεὶς λάθῃ.
        Soph. *Phil.* 468-506.

(91)

Two bills were brought forward by the Tribunes in the year of the city 310; one to legalise the marriage between patricians and plebeians, the other to provide that in future the consuls might be either patricians or plebeians. The bills excited the fiercest anger among the nobles, and were supported, with equal spirit, by the Tribunes and the Party of Reform.

 Canuleius, one of the Tribunes, addressed the people, and told them that it was plain now in what contempt the commons were held by the nobles. The right of intermarriage was readily granted to foreigners and even to conquered enemies. It was refused to Roman citizens! And, as for consuls—might not the people themselves decide to whom they wished to entrust the management of affairs?

Cum maxime haec in senatu agerentur, Canuleius pro legibus suis et adversus consules ita disseruit. 'Quantopere vos, Quirites, contemnerent patres, quam indignos ducerent qui una secum urbe intra
5 eadem moenia viveretis, saepe equidem et ante videor animadvertisse, nunc tamen maxime, quod adeo atroces in has rogationes nostras coorti sunt, quibus quid aliud quam admonemus cives nos eorum esse, et si non easdem opes habere, eandem tamen patriam
10 incolere? Altera connubium petimus, quod finitimis externisque dari solet. Nos quidem civitatem, quae plus quam connubium est, hostibus etiam victis dedimus. Altera nihil novi ferimus, sed id quod populi est repetimus atque usurpamus, ut quibus velit
15 populus Romanus honores mandet.

LIVY, iv. 3.

(92)

'*The nobles,*' *he continued, 'threaten to lay violent hands on your Tribunes. If you elect a plebeian to the consulship, they foretell ruin to Rome and her empire. We might be slaves! They would rob us of the light of day itself, and are indignant that we even breathe, and speak, and have the outward shape of men.*'

'Quid tandem est cur caelum ac terras misceant, cur in me impetus modo paene in senatu sit factus, negent se manibus temperaturos, violaturosque denuntient sacrosanctam potestatem? Si populo Romano liberum suffragium datur, ut quibus velit consulatum mandet, et non praeciditur spes plebeio quoque, si dignus summo honore erit, apiscendi summi honoris, stare urbs haec non poterit, de imperio actum est et perinde hoc valet, plebeiusne consul fiat, tanquam servum aut libertinum aliquis consulem futurum dicat? Ecquid sentitis in quanto contemptu vivatis? Lucis vobis hujus partem, si liceat, adimant. Quod spiratis, quod vocem mittitis, quod formas hominum habetis, indignantur. Quin etiam, si diis placet, nefas aiunt esse consulem plebeium fieri.'

LIVY, iv. 3.

(93)

'Why should not plebeians be consuls? Numa was not even a citizen at all—and he was made King. Tarquin was not even an Italian. Servius Tullius was the son of a slave. This wise liberality, which opened the paths of honour to merit, however lowly born, made Rome great.'

'Obsecro vos, si non ad fastos, non ad commentarios pontificum admittimur, ne ea quidem scimus quae omnes peregrini etiam sciunt, consules in locum regum successisse, nec aut juris aut majestatis quic-
5 quam habere quod non in regibus ante fuerit? En unquam creditis fando auditum esse Numam Pompilium, non modo non patricium sed ne civem quidem Romanum, ex Sabino agro accitum, populi jussu, patribus auctoribus Romae regnasse? L.
10 deinde Tarquinium non Romanae modo sed ne Italicae quidem gentis, Damarati Corinthii filium, incolam ab Tarquiniis, vivis liberis Anci, regem factum? Ser. Tullium post hunc, captiva Corniculana natum, patre nullo, matre serva, ingenio virtute
15 regnum tenuisse? Quid enim de T. Tatio Sabino dicam, quem ipse Romulus parens urbis in societatem

regni accepit? Ergo dum nullum fastiditur genus in quo eniteret virtus, crevit imperium Romanum.'

LIVY, iv. 3.

(94)

'The Claudian family came from the Sabines: they were made citizens, then patricians, then consuls. Why should foreigners be admitted to a privilege, from which Roman citizens, if of plebeian birth, are debarred?'

'Paeniteat nunc vos plebeii consulis, cum majores nostri advenas reges non fastidierint, et ne regibus quidem exactis clausa urbs fuerit peregrinae virtuti. Claudiam certe gentem post reges exactos ex Sabinis non in civitatem modo accepimus, sed etiam in patriciorum numerum. Ex peregrinone patricius, deinde consul fiat: civis Romanus si sit ex plebe, praecisa consulatus spes erit? Utrum tandem non credimus fieri posse ut vir fortis ac strenuus, pace belloque bonus, ex plebe sit Numae, L. Tarquinio, Ser. Tullio similis? An ne si sit quidem ad gubernacula rei publicae accedere eum patiemur, potiusque decemviris, teterrimis mortalium, qui tamen omnes ex patribus erant, quam optimis regum novis hominibus similes consules sumus habituri?'

LIVY, iv. 3.

(95)

'But plebeians have never been consuls. What then? Are we never to admit any innovation, however salutary, any novelty, however useful? Under Romulus there were no pontiffs: Numa created them. Once there were no consuls. When the kings were expelled, consuls were made. A Dictator is a new thing. Tribunes, ædiles, quæstors, all had to be made; they have not existed for ever. In a great city, with all time before it, magistracies and laws must of necessity be subject to change.'

'At enim nemo post reges exactos de plebe consul fuit. Quid postea? Nullane res nova institui debet? Et quod nondum est factum (multa enim nondum sunt facta in novo populo), ea ne si utilia 5 quidem sint fieri oportet? Pontifices, augures Romulo regnante nulli erant: ab Numa Pompilio creati sunt. Census in civitate et descriptio centuriarum classiumque non erat: ab Ser. Tullio est facta. Consules nunquam fuerant: regibus exactis 10 creati sunt. Dictatoris nec imperium nec nomen fuerat: apud patres esse coepit. Tribuni plebis aediles, quaestores nulli erant: institutum est ut fierent. Decemviros legibus scribendis intra decem hos annos et creavimus et e re publica sustulimus. Quis dubitat quin in aeternum urbe condita, in immensum crescente, nova imperia sacerdotia jura gentium hominumque instituantur?'

LIVY, v. 4.

(96)

'*This legal prohibition of marriage between patricians and plebeians is the greatest insult that could be offered to the commons. It is like condemning us all to exile or banishment, even while we live in the same town. Let the noble maidens refuse, if they please, to marry one of our rank. No man of the commons will put force upon them. That is a privilege peculiar to the nobles. But to forbid our intermarriage by statutory enactment—that is past all bearing, an insult indeed.*'

'Hoc ipsum, ne connubium patribus cum plebe esset, non decemviri tulerunt paucis his annis pessimo publico, cum summa injuria plebis? An esse ulla major aut insignitior contumelia potest quam partem civitatis velut contaminatam indignam connubio haberi? Quid est aliud quam exsilium intra eadem moenia, quam relegationem pati? Ne affinitatibus, ne propinquitatibus immisceamur cavent; ne societur sanguis. Quid? Hoc si polluit nobili-

10 tatem istam vestram, quam plerique oriundi ex
Albanis et Sabinis non genere nec sanguine sed per
cooptationem in patres habetis, aut ab regibus lecti
aut post reges exactos jussu populi, sinceram servare
privatis consiliis non poteratis, nec ducendo ex plebe
15 neque vestras filias sororesque enubere sinendo e
patribus? Nemo plebeius patriciae virgini vim
afferret: patriciorum ista libido est. Nemo invitum
pactionem nuptialem quemquam facere coegisset.
Verum enim vero lege id prohiberi et connubium
20 tolli patrum ac plebis, id demum contumeliosum
plebi est.'

LIVY, iv. 4.

(97)

'Marriage has always been a private matter, for family arrangement. Why regulate the choice of a wife or a husband by insulting legislation? Why not make laws to forbid the rich intermarrying with the poor? Why not say that a plebeian must not walk in the street, or stand in the forum, or build his house, near a patrician?'

'Cur enim non fertis ne sit connubium divitibus ac pauperibus? Quod privatorum consiliorum ubique semper fuit, ut in quam cuique feminae convenisset domum nuberet, ex qua pactus esset vir domo in

matrimonium duceret, id vos sub legis superbissimae
vincula conjicitis, qua dirimatis societatem civilem
duasque ex una civitates faciatis. Cur non sancitis
ne vicinus patricio sit plebeius, ne eodem itinere eat,
ne idem convivium ineat, ne in foro eodem consistat?
Quid enim in re est aliud, si plebeiam patricius
duxerit, si patriciam plebeius? Quid juris tandem
mutatur? Nempe patrem sequuntur liberi. Nec quod
nos ex connubio vestro petamus, quicquam est prae-
terquam ut hominum, ut civium numero simus; nec
vos, nisi in contumeliam ignominiamque nostram
certare juvat, quod contendatis, quicquam est.'

LIVY, iv. 4.

(98)

*' Who is to be master, the People or the Nobles?
When the kingly office was abolished, what was
established in its room? Patrician Oligarchy, or
Equal Freedom? May the People, or may it not,
enact such laws as it shall choose? Are you going
to hold a forced conscription, whenever a Bill is
brought before the People, and hurry us off to
camp?'*

'Denique utrum tandem populi Romani an vestrum
summum imperium est? Regibus exactis utrum

vobis dominatio an omnibus aequa libertas parta est?
Oportet licere populo Romano, si velit, jubere legem:
an ut quaeque rogatio promulgata erit, vos delectum
pro poena decernetis? Et simul ego tribunus vocare
tribus in suffragium coepero, tu statim consul sacra-
mento juniores adiges, et in castra educes, et minaberis plebi, minaberis tribuno? Quid, si non,
quantum istae minae adversus plebis consensum
valerent, bis jam experti essetis? Scilicet quia nobis
consultum volebatis, certamine abstinuistis. An ideo
non est dimicatum, quod quae pars firmior, eadem
modestior fuit?'

LIVY, iv. 5.

(99)

'There will be no real struggle, Citizens: they are but putting your high spirit to the proof. They will soon give way, if you stand firm.

'Give us equal laws,' we say, 'and the City is one, united and harmonious. Deny them, and whatever wars or rumours of wars there may be, not one plebeian will join the ranks, nor serve for those tyrannical masters who refuse to give us our political or social rights.'

'Nec nunc erit certamen, Quirites. Animos vestros illi tentabunt semper, vires non experientur. Itaque ad bella ista, seu falsa seu vera sunt, consules, parata vobis plebes est, si connubiis redditis unam hanc civitatem tandem facitis; si coalescere, si jungi misceriqued vobis privatis necessitudinibus possunt; si spes, si aditus ad honores viris strenuis et fortibus datur; si in consortio, si in societate rei publicae esse, si, quod aequae libertatis est, in vicem annuis magistratibus parere atque imperitare licet. Si haec impediet aliquis, ferte sermonibus et multiplicate fama bella: nemo est nomen daturus, nemo arma capturus, nemo dimicaturus pro superbis dominis, cum quibus nec in re publica honorum nec in privata connubii societas est.'

LIVY, iv. 5.

(100)

The Roman army was besieging Veii, and it was decided to continue the siege operations through the winter. This was a new departure in Roman campaigns, for the soldiers had always been accustomed to return home for the winter. The Tribunes, who had long been on the look out for a popular grievance, seized their opportunity, and vehemently harangued the commons. 'This,' they cried, ' this explains all. This is the reason why pay was given to the soldiers, that they may be kept in perpetual exile far from home and Rome.'

Cum spes major imperatoribus Romanis in obsidione quam in oppugnatione esset, hibernacula etiam, res nova militi Romano, aedificari coepta ; consiliumque erat hiemando continuare bellum. Quod
5 postquam tribunis plebis, jam diu nullam novandi res causam invenientibus, Romam est allatum, in concionem prosiliunt, sollicitant plebis animos, hoc illud esse dictitantes, quod aera militibus sint constituta. Nec se fefellisse id donum inimicorum veneno
10 illitum fore. Venisse libertatem plebis ; remotam in perpetuum et ablegatam ab urbe et ab re publica juventutem jam ne hiemi quidem aut tempori anni cedere ac domos et res invisere suas.

LIVY, v. 2.

(101)

' We were sure that there was some hidden motive. The motive clearly was to prevent reform of abuses at home by keeping the great body of plebeian voters away in camp. The enemy are

better off than the Roman army. Veii is a comfortable town; our soldiers have to live in tents, drudging like slaves in all the frost and snow. This is a tyranny worse than kings, or decemvirs, or dictator ever invented.'

'Quam putarent continuatae militiae causam esse? Nullam profecto aliam inventuros quam ne quid per frequentiam juvenum eorum, in quibus vires omnes plebis essent, agi de commodis eorum posset. Vexari praeterea et subigi multo acriusquam Veientes: quippe illos hiemem sub tectis suis agere, egregiis muris situque naturali urbem tutantes; militem Romanum in opere ac labore, nivibus pruinisque obrutum, sub pellibus durare, ne hiemis quidem spatio, quae omnium bellorum terra marique sit quies, arma deponentem. Hoc neque reges, neque ante tribuniciam potestatem creatam superbos illos consules, neque triste dictatoris imperium, neque importunos decemviros injunxisse servitutis, ut perennem militiam facerent, quod tribuni militum in plebe Romana regnum exercerent. Quidnam illi consules dictatoresve facturi essent, qui proconsularem imaginem tam saevam ac trucem fecerint?'

LIVY, v. 2.

(102)

But it serves you right. You elected eight Tribunes of the soldiers—all patricians. You could not find room for one plebeian. Now you find your mistake.'

'Sed id accidere haud immerito. Non fuisse ne in octo quidem tribunis militum locum ulli plebeio. Antea trina loca cum contentione summa patricios explere solitos : nunc jam octojuges ad imperia ob-
5 tinenda ire, et ne in turba quidem haerere plebeium quemquam, qui, si nihil aliud, admoneat collegas liberos et cives eorum non servos militare, quos hieme saltem in domos ac tecta reduci oporteat, et aliquo tempore anni parentes liberosque ac conjuges
10 invisere, et usurpare libertatem, et creare magistratus.'

LIVY, v. 2.

(103)

But the Tribunes met their match in Appius Claudius, a practised orator and a man of ready wit. He, in his turn, addressed the Commons, and said: 'I congratulate you all on this revelation. We can all see now what these constant harangues and this everlasting agitation on the part of the Tribunes really mean. It is not your interest they seek but their own!'

Haec taliaque vociferantes adversarium haud imparem nacti sunt Ap. Claudium relictum a collegis ad tribunicias seditiones comprimendas, virum imbutum jam ab juventa certaminibus plebeiis; quem auctorem aliquot annis ante fuisse memoratum est per collegarum intercessionem tribuniciae potestatis dissolvendae. Is tum jam non promptus ingenio tantum, sed usu etiam exercitatus, talem orationem habuit. 'Si unquam dubitatum est, Quirites, utrum tribuni plebis vestra an sua causa seditionum semper auctores fuerint, id ego hoc anno desisse dubitari certum habeo. Et cum laetor tandem longi erroris vobis finem factum esse, tum quod secundis potissimum vestris rebus hic error est sublatus, et vobis et propter vos rei publicae gratulor.'

LIVY, v. 2.

(104)

'They are furious because pay has been granted to the soldiers. And why so? They fear lest it may lead to general harmony and concord, which is just what they do not want. Like dishonest

workmen, they are on the look out for a job, and desire to leave some unsound place in the body politic that they may be sent for to set it right.'

'An est quisquam qui dubitet, nullis injuriis vestris, si quae forte aliquando fuerunt, unquam aeque quam munere patrum in plebem, cum aera militantibus constituta sunt, tribunos plebis offensos ac concitatos
5 esse? Quid illos aliud aut tum timuisse creditis aut hodie turbare velle nisi concordiam ordinum, quam dissolvendae maxime tribuniciae potestatis rentur esse? Sic hercule, tanquam artifices improbi, opus quaerunt; qui et semper aegri aliquid esse in re publica
10 volunt, ut sit ad cujus curationem a vobis adhibeantur.'

LIVY, v. 3.

(105)

'*Are the Tribunes pleading for the plebs or against it? They are angry that the soldiers have pay, because it comes to them from the nobles—and whatever the nobles do is wrong, whether for the commons or against it. If there were any patriotism or humanity in these demagogues, they would be as eager to promote good feeling between the orders as they now are to disturb it.*'

'Utrum enim defenditis an impugnatis plebem? Utrum militantium adversarii estis an causam agitis?

Nisi forte hoc dicitis " quicquid patres faciunt, displicet, sive illud pro plebe sive contra plebem est." Et quemadmodum servis suis vetant domini quicquam rei cum alienis hominibus esse, pariterque in iis beneficio ac maleficio abstineri aequum censent, sic vos interdicitis patribus commercio plebis, ne nos comitate ac munificentia nostra provocemus plebem, nec plebs nobis dicto audiens atque obediens sit. Quanto tandem, si quicquam in vobis, non dico civilis, sed humani esset, favere vos magis, et quantum in vobis esset, indulgere potius comitati patrum atque obsequio plebis oportuit ? Quae si perpetua concordia sit, quis non spondere ausit maximum hoc imperium inter finitimos brevi futurum esse ? '

LIVY, v. 3.

(106)

'*The soldiers have extra pay; it is but fair that they should have extra work. If I were speaking in the camp to the soldiers themselves, they would confess that what I say is reasonable. So much pay for so much work—what can be fairer or more natural? Is a man to have a whole year's wages for half a year's work?* '

'Atque ego, quam hoc consilium collegarum meorum, quo abducere infecta re a Veiis exercitum noluerunt,

non utile solum sed etiam necessarium fuerit, postea
disseram : nunc de ipsa condicione dicere militantium
libet. Quam orationem non apud vos solum, sed
etiam in castris si habeatur, ipso exercitu disceptante,
aequam arbitror videri posse. In qua si mihi ipsi
nihil quod dicerem in mentem venire posset, adver-
sariorum certe orationibus contentus essem. Negabant
nuper danda esse aera militibus, quia nunquam data
essent. Quonam modo igitur nunc indignari possunt,
quibus aliquid novi adjectum commodi sit, eis laborem
etiam novum pro portione injungi ? Nusquam nec
opera sine emolumento nec emolumentum ferme sine
impensa opera est. Labor voluptasque, dissimillima
natura, societate quadam inter se naturali sunt
juncta. Moleste antea ferebat miles se suo sumptu
operam rei publicae praebere : gaudebat idem partem
anni se agrum suum colere, quaerere unde domi
militiaeque se ac suos tueri posset. Gaudet nunc
fructui sibi rem publicam esse, et laetus stipendium
accipit. Aequo igitur animo patiatur se ab domo,
ab re familiari, cui gravis impensa non est, paullo
diutius abesse. An si ad calculos eum res publica
vocet, non merito dicat " annua aera habes, annuam
operam ede. An tu aequum censes, militia semestri
solidum te stipendium accipere ? " '

LIVY, v. 4.

(107)

'*I do not like dwelling on this aspect of the case, as though you were hirelings and mercenaries, and your patriotic services were a mere bargain with the State, a matter of business. We wish to deal with you as citizens interested in the welfare and success of Rome. This war, we say, ought either never to have been undertaken, or it ought to be carried to the end. Victory is certain if we persevere. Shall we show less determination at Veii, close to our own doors, than the Greeks showed at Troy, beyond the sea, in a distant land?*'

'Invitus in hac parte orationis, Quirites, moror: sic enim agere debent qui mercenario milite utuntur. At nos tanquam cum civibus agere volumus, agique tanquam cum patria nobiscum aequum censemus. Aut non suscipi bellum oportuit, aut geri pro dignitate populi Romani et perfici quam primum oportet. Perficietur autem, si urgemus obsessos, si non ante abscedimus quam spei nostrae finem captis Veiis imposuerimus. Si hercules nulla alia causa, ipsa indignitas perseverantiam imponere debuit. Decem quondam annos urbs oppugnata est ob unam mulierem ab universa Graecia, quam procul ab

domo ? Quot terras, quot maria distans ? Nos intra vicesimum lapidem, in conspectu prope urbis
15 nostrae, annuam oppugnationem perferre piget.'

LIVY, v. 4.

(108)

'And Greece was fighting for one woman—to win her back—we are fighting to avenge a thousand acts of treachery and cruelty. They have wasted our lands, murdered our envoys, and tried to raise all Etruria against us in arms. Are these foes with whom we ought to carry on a lingering and half-hearted war ?'

'Scilicet quia levis causa belli est, nec satis quicquam justi doloris est, quod nos ad perseverandum stimulet. Septies rebellarunt ; in pace nunquam fida fuerunt ; agros nostros millies depopulati sunt ; Fide-
5 nates deficere a nobis coegerunt ; colonos nostros ibi interfecerunt ; auctores fuere contra jus gentium caedis impiae legatorum nostrorum ; Etruriam omnem adversus nos concitare voluerunt, hodieque id moliuntur ; res repetentes legatos nostros haud procul
10 afuit quin violarent. Cum his molliter et per dilationes bellum geri oportet ?'

LIVY, v. 4-5.

(109)

'Besides, are we to waste the whole labour expended over the siege works? Are we to leave them, and be compelled to build them all over again next summer?'

'Si nos tam justum odium nihil movet, ne illa quidem, oro vos, movent? Operibus ingentibus septa urbs est, quibus intra muros coercetur hostis. Agrum non coluit, et culta evastata sunt bello. Si reducimus exercitum, quis est qui dubitet illos non a cupiditate solum ulciscendi, sed etiam necessitate imposita ex alieno praedandi, cum sua amiserint, agrum nostrum invasuros? Non differimus igitur bellum isto consilio, sed intra fines nostros accipimus. Quid? Illud quod proprie ad milites pertinet, quibus boni tribuni plebis cum stipendium extorquere voluerint, nunc consultum repente volunt, quale est? Vallum fossamque, ingentis utramque rem operis, per tantum spatii duxerunt; castella primo pauca, postea exercitu aucto creberrima fecerunt; munitiones non in urbem modo sed in Etruriam etiam spectantes, si qua inde auxilia veniant, opposuere. Quid turres, quid vineas testudinesque et alium oppugnandarum urbium apparatum

20 loquar? Cum tantum laboris exhaustum sit et ad finem jam operis tandem perventum, relinquendane haec censetis, ut ad aestatem rursus novus de integro his instituendis exsudetur labor? Quanto est minus opera tueri facta et instare et perseverare defungique
25 cura? Brevis enim profecto res est, si uno tenore peragitur, nec ipsi per intermissiones has intervallaque lentiorem spem nostram facimus.'

LIVY, v. 5.

(110)

'Delay may bring upon us the combined forces of Etruria. To bid us come home for the winter, because it is disagreeable to continue the siege in the cold, is to act like a foolish doctor, who humours his patient by allowing him to eat or drink what he pleases, at the risk of bringing on a tedious and perhaps an incurable disease.'

'Loquor de opere et de temporis jactura. Quid? Periculi quod differendo bello adimus, num oblivisci nos haec tam crebra Etruriae concilia de mittendis Veios auxiliis patiuntur? Ut nunc res se habet, irati
5 sunt, oderunt, negant missuros; quantum in illis est, capere Veios licet. Quis est qui spondeat eundem, si differtur bellum, animum postea fore? Cum, si

laxamentum dederis, major frequentiorque legatio
itura sit; cum id quod nunc offendit Etruscos, rex
creatus Veiis, mutari spatio interposito possit vel 10
consensu civitatis, ut eo reconcilient Etruriae animos,
vel ipsius voluntate regis, qui obstare regnum suum
saluti civium nolit. Videte quot res, quam inutiles,
sequantur illam viam consilii, jactura operum tanto
labore factorum, vastatio imminens finium nostrorum, 15
Etruscum bellum pro Veiente concitatum. Haec
sunt, tribuni, consilia vestra, non hercule dissimilia
ac si quis aegro, qui curari se fortiter passus extemplo
convalescere possit, cibi gratia praesentis aut potionis
longinquum et forsitan insanabilem morbum efficiat.' 20

LIVY, v. 5.

(III)

'*Men brave snow and ice for sport; they think it no
hardship to face the winter on a mountain or in
forest in the excitement of hunting. Are our
soldiers such delicate and fragile creatures as to
be unable to stand one winter away from home?
I am sure they would blush if you told them so.*'

'Si, me dius fidius, ad hoc bellum nihil pertineret,
ad disciplinam certe militiae plurimum intererat in-

suescere militem nostrum non solum parata victoria
frui, sed si res etiam lentior sit, pati taedium et
quamvis serae spei exitum exspectare, et si non sit
aestate perfectum bellum, hiemem opperiri, nec sicut
aestivas aves, statim autumno tecta ac recessum cir-
cumspicere. Obsecro vos, venandi studium ac
voluptas homines per nives ac pruinas in montes
silvasque rapit: belli necessitatibus eam patientiam
non adhibebimus, quam vel lusus ac voluptas elicere
solet ? Adeone effeminata corpora militum nostrorum
esse putamus, adeo molles animos, ut hiemem unam
durare in castris, abesse ab domo non possint ? Ut
tanquam navale bellum tempestatibus captandis et
observando tempore anni gerant, non aestus, non
frigora pati possint? Erubescant profecto, si quis
eis haec objiciat; contendantque et animis et corporibus suis virilem patientiam inesse, et se juxta
hieme atque aestate bella gerere posse, nec se pa-
trocinium mollitiae inertiaeque mandasse tribunis, et
meminisse hanc ipsam potestatem non in umbra nec
in tectis majores suos creasse.'

LIVY, v. 6.

(112)

'*It is a critical moment. If we shirk the siege and come home for the winter our neighbours will say that if an enemy of Rome can only bear the brunt of a short campaign in the summer he will have nothing to fear: winter will see the Roman soldiers flocking to their homes, as birds of passage fly to warmer climes to avoid the cold. Let us rather teach the world that Rome knows but one end of war—victory! that neither winter nor weariness nor cold nor anything whatsoever will turn her from her purpose till her enemy lies at her feet.*'

'Haec virtute militum vestrorum, haec Romano nomine sunt digna, non Veios tantum nec hoc bellum intueri quod instat, sed famam et ad alia bella et ad ceteros populos in posterum quaerere. An mediocre discrimen opinionis secuturum ex hac re putatis? Utrum tandem finitimi populum Romanum eum esse putent, cujus si qua urbs primum illum brevissimi temporis sustinuerit impetum, nihil deinde timeat? An hic sit terror nominis nostri, ut exercitum Romanum non taedium longinquae oppugnationis, non vis hiemis ab urbe circumsessa semel amovere possit, nec finem ullum alium belli quam victoriam noverit, nec impetu potius bella quam perseverantia gerat! Quae in omni quidem genere militiae, maxime tamen in obsidendis urbibus necessaria est, quarum plerasque munitionibus ac naturali situ inexpugnabiles fame sitique tempus ipsum vincit atque expugnat, sicut Veios expugnabit, nisi auxilio hostibus tribuni plebis fuerint, et Romae invenerint praesidia Veientes, quae nequicquam in Etruria quaerunt.'

LIVY, v. 6.

(113)

'Could anything be more welcome to Veii than the news of our disagreement and bickerings here at Rome? First the city, then the camp, is to be infected with this plague of faction. Liberty at Rome is summed up in this, to hold in scorn all law and order and discipline.'

'An est quicquam quod Veientibus optatum aeque contingere possit, quam ut seditionibus primum urbs Romana, deinde velut ex contagione castra impleantur? At hercule apud hostes tanta modestia est ut

non obsidionis taedio non denique regni quicquam
apud eos novatum sit, non negata auxilia ab Etruscis
irritaverint animos. Morietur enim extemplo quicunque erit seditionis auctor, nec cuiquam dicere ea
licebit quae apud vos impune dicuntur. Fustuarium
meretur qui signa relinquit aut praesidio decedit:
auctores signa relinquendi et deserendi castra non
uni aut alteri militi sed universis exercitibus palam in
concione audiuntur. Adeo quicquid tribunus plebis
loquitur, etsi prodendae patriae dissolvendaeque rei
publicae est, assuestis aeque audire, et dulcedine
potestatis ejus capti quaelibet sub ea scelera latere
sinitis. Reliquum est ut, quae hic vociferantur,
eadem in castris et apud milites agant, et exercitus
corrumpant ducibusque parere non patiantur, quoniam
ea demum Romae libertas est, non senatum, non
magistratus, non leges, non mores majorum, non
instituta patrum, non disciplinam vereri militiae.'

LIVY, v. 6.

PART EIGHTH

(114)

The interference of the Athenians at Corcyra, and the events which had happened at Potidaea, roused the deepest anger at Corinth. All was leading up to the Great War. The Lacedaemonians called a Congress of their allies at Sparta, and many of the envoys spoke bitterly of the criminal ambition of Athens. The Corinthians were specially vehement, and urged an immediate declaration of war.

Τοῖς δ' Ἀθηναίοις καὶ Πελοποννησίοις αἰτίαι μὲν αὗται προεγεγένηντο ἐς ἀλλήλους· τοῖς μὲν Κορινθίοις ὅτι τὴν Ποτίδαιαν ἑαυτῶν οὖσαν ἀποικίαν καὶ ἄνδρας Κορινθίων τε καὶ Πελοπον-
5 νησίων ἐν αὐτῇ ὄντας ἐπολιόρκουν· τοῖς δ' Ἀθηναίοις ἐς τοὺς Πελοποννησίους ὅτι ἑαυτῶν τε πόλιν ξυμμαχίδα καὶ φόρου ὑποτελῆ ἀπέστησαν, καὶ ἐλθόντες σφίσιν ἀπὸ τοῦ προφανοῦς

ἐμάχοντο μετὰ Ποτιδαιατῶν. οὐ μέντοι ὅ γε πόλεμός πω ξυνερρώγει, ἀλλ' ἔτι ἀνακωχὴ ἦν· ἰδίᾳ γὰρ ταῦτα οἱ Κορίνθιοι ἔπραξαν.

Πολιορκουμένης δὲ τῆς Ποτιδαίας οὐχ ἡσύχαζον, ἀνδρῶν τε σφίσιν ἐνόντων καὶ ἅμα περὶ τῷ χωρίῳ δεδιότες· παρεκάλουν τε εὐθὺς ἐς τὴν Λακεδαίμονα τοὺς ξυμμάχους καὶ κατεβόων ἐλθόντες τῶν Ἀθηναίων ὅτι σπονδάς τε λελυκότες εἶεν καὶ ἀδικοῖεν τὴν Πελοπόννησον. Αἰγινῆταί τε φανερῶς μὲν οὐ πρεσβευόμενοι, δεδιότες τοὺς Ἀθηναίους, κρύφα δέ, οὐχ ἥκιστα μετ' αὐτῶν ἐνῆγον τὸν πόλεμον, λέγοντες οὐκ εἶναι αὐτόνομοι κατὰ τὰς σπονδάς. οἱ δὲ Λακεδαιμόνιοι, προσπαρακαλέσαντες τῶν ξυμμάχων καὶ εἴ τίς τι ἄλλο ἔφη ἠδικῆσθαι ὑπὸ Ἀθηναίων, ξύλλογον σφῶν αὐτῶν ποιήσαντες τὸν εἰωθότα λέγειν ἐκέλευον. καὶ ἄλλοι τε παριόντες ἐγκλήματα ἐποιοῦντο ὡς ἕκαστοι καὶ Μεγαρῆς, δηλοῦντες μὲν καὶ ἕτερα οὐκ ὀλίγα διάφορα, μάλιστα δὲ λιμένων τε εἴργεσθαι τῶν ἐν τῇ Ἀθηναίων ἀρχῇ καὶ τῆς Ἀττικῆς ἀγορᾶς παρὰ τὰς σπονδάς. παρελθόντες δὲ τελευταῖοι Κορίνθιοι καὶ τοὺς ἄλλους ἐάσαντες πρῶτον παροξῦναι τοὺς Λακεδαιμονίους ἐπεῖπον τοιάδε.

THUC. i. 66-67.

(115)

They dwelt upon the unsuspicious and easy good nature of Sparta, which made her shut her eyes to notorious facts. The Athenians were the Oppressors of Greece.

"Τὸ πιστὸν ὑμᾶς, ὦ Λακεδαιμόνιοι, τῆς καθ' ὑμᾶς αὐτοὺς πολιτείας καὶ ὁμιλίας ἀπιστοτέρους, ἐς τοὺς ἄλλους ἤν τι λέγωμεν, καθίστησι· καὶ ἀπ' αὐτοῦ σωφροσύνην μὲν ἔχετε, ἀμαθίᾳ δὲ
5 πλέονι πρὸς τὰ ἔξω πράγματα χρῆσθε. πολλάκις γὰρ προαγορευόντων ἡμῶν ἃ ἐμέλλομεν ὑπὸ Ἀθηναίων βλάπτεσθαι, οὐ περὶ ὧν ἐδιδάσκομεν ἑκάστοτε τὴν μάθησιν ἐποιεῖσθε, ἀλλὰ τῶν λεγόντων μᾶλλον ὑπενοεῖτε ὡς ἕνεκεν τῶν αὐτοῖς ἰδίᾳ δια-
10 φόρων λέγουσι· καὶ δι' αὐτὸ οὐ πρὶν πάσχειν, ἀλλ' ἐπειδὴ ἐν τῷ ἔργῳ ἐσμέν, τοὺς ξυμμάχους τούσδε παρεκαλέσατε ἐν οἷς προσήκει ἡμᾶς οὐχ ἥκιστα εἰπεῖν ὅσῳ καὶ μέγιστα ἐγκλήματα ἔχομεν, ὑπὸ μὲν Ἀθηναίων ὑβριζόμενοι, ὑπὸ δὲ ὑμῶν
15 ἀμελούμενοι. καὶ εἰ μὲν ἀφανεῖς που ὄντες ἠδίκουν τὴν Ἑλλάδα, διδασκαλίας ἂν ὡς οὐκ εἰδόσι προσέδει. νῦν δὲ τί δεῖ μακρηγορεῖν, ὧν τοὺς

μὲν δεδουλωμένους ὁρᾶτε, τοῖς δ' ἐπιβουλεύοντας
αὐτούς, καὶ οὐχ ἥκιστα τοῖς ἡμετέροις ξυμμάχοις
καὶ ἐκ πολλοῦ προπαρεσκευασμένους, εἴ ποτε
πολεμήσονται. οὐ γὰρ ἂν Κέρκυράν τε ὑπολα-
βόντες βίᾳ ἡμῶν εἶχον καὶ Ποτίδαιαν ἐπολιόρ-
κουν, ὧν τὸ μὲν ἐπικαιρότατον χωρίον πρὸς τὰ
ἐπὶ Θράκης ἀποχρῆσθαι, ἡ δὲ ναυτικὸν ἂν μέγιστον παρέσχε Πελοποννησίοις.

THUC. i. 68.

(116)

The Lacedaemonians were to blame for this. Their supine and dilatory policy had well nigh proved the ruin of Greece in the Persian Wars, and had already led some of their friends to destruction who had been foolish enough to rely on help from them.

" Καὶ τῶνδε ὑμεῖς αἴτιοι τό τε πρῶτον ἐάσαντες αὐτοὺς τὴν πόλιν μετὰ τὰ Μηδικὰ κρατῦναι
καὶ ὕστερον τὰ μακρὰ στῆσαι τείχη, ἐς τόδε τε
ἀεὶ ἀποστεροῦντες οὐ μόνον τοὺς ὑπ' ἐκείνων δεδουλωμένους ἐλευθερίας, ἀλλὰ καὶ τοὺς ὑμετέρους

ἤδη ξυμμάχους. οὐ γὰρ ὁ δουλωσάμενος, ἀλλ' ὁ δυνάμενος μὲν παῦσαι, περιορῶν δέ, ἀληθέστερον αὐτὸ δρᾷ, εἴπερ καὶ τὴν ἀξίωσιν τῆς ἀρετῆς ὡς ἐλευθερῶν τὴν Ἑλλάδα φέρεται. μόλις δὲ νῦν τε ξυνήλθομεν καὶ οὐδὲ νῦν ἐπὶ φανεροῖς. χρῆν γὰρ οὐκ εἰ ἀδικούμεθά ἔτι σκοπεῖν, ἀλλὰ καθ' ὅ τι ἀμυνούμεθα. οἱ γὰρ δρῶντες βεβουλευμένοι πρὸς οὐ διεγνωκότας, ἤδη καὶ οὐ μέλλοντες, ἐπέρχονται. καὶ ἐπιστάμεθα οἵᾳ ὁδῷ οἱ Ἀθηναῖοι καὶ ὅτι κατ' ὀλίγον χωροῦσιν ἐπὶ τοὺς πέλας. καὶ λανθάνειν μὲν οἰόμενοι διὰ τὸ ἀναίσθητον ὑμῶν ἧσσον θαρροῦσι· γνόντες δὲ εἰδότας περιορᾶν ἰσχυρῶς ἐγκείσονται. ἡσυχάζετε γὰρ μόνοι Ἑλλήνων, ὦ Λακεδαιμόνιοι, οὐ τῇ δυνάμει τινά, ἀλλὰ τῇ μελλήσει ἀμυνόμενοι, καὶ μόνοι οὐκ ἀρχομένην τὴν αὔξησιν τῶν ἐχθρῶν, διπλασιουμένην δὲ καταλύοντες. καίτοι ἐλέγεσθε ἀσφαλεῖς εἶναι ὧν ἄρα ὁ λόγος τοῦ ἔργου ἐκράτει. τόν τε γὰρ Μῆδον αὐτοὶ ἴσμεν ἐκ περάτων γῆς πρότερον ἐπὶ τὴν Πελοπόννησον ἐλθόντα ἢ τὰ παρ' ὑμῶν ἀξίως προαπαντῆσαι, καὶ νῦν τοὺς Ἀθηναίους οὐχ ἑκὰς ὥσπερ ἐκεῖνον, ἀλλ' ἐγγὺς ὄντας περιορᾶτε, καὶ ἀντὶ τοῦ ἐπελθεῖν αὐτοὶ ἀμύνεσθαι βούλεσθε μᾶλλον ἐπιόντας, καὶ ἐς τύχας πρὸς πολλῷ δυν-

ατωτέρους ἀγωνιζόμενοι καταστῆναι, ἐπιστάμενοι 30
καὶ τὸν βάρβαρον αὐτὸν περὶ αὑτῷ τὰ πλείω σφα-
λέντα, καὶ πρὸς αὐτοὺς τοὺς Ἀθηναίους πολλὰ
ἡμᾶς ἤδη τοῖς ἁμαρτήμασιν αὐτῶν μᾶλλον ἢ τῇ
ἀφ' ὑμῶν τιμωρίᾳ περιγεγενημένους· ἐπεὶ αἵ γε
ὑμέτεραι ἐλπίδες ἤδη τινάς που καὶ ἀπαρασκεύους 35
διὰ τὸ πιστεῦσαι ἔφθειραν. καὶ μηδεὶς ὑμῶν ἐπ'
ἔχθρᾳ τὸ πλέον ἢ αἰτίᾳ νομίσῃ τάδε λέγεσθαι
αἰτία μὲν γὰρ φίλων ἀνδρῶν ἐστὶν ἁμαρτανόντων·
κατηγορία δὲ ἐχθρῶν ἀδικησάντων.

Thuc. i. 69.

(117)

Such a policy of inaction and non-interference, always dangerous, was especially inopportune in dealing with an aggressive, adventurous, restless enemy like Athens. There could not be a greater contrast than between the spirit of Conservatism at Sparta and the spirit of Action and Progress at Athens.

" Καὶ ἅμα εἴπερ τινὲς καὶ ἄλλοι ἄξιοι νομίζομεν
εἶναι τοῖς πέλας ψόγον ἐπενεγκεῖν, ἄλλως τε καὶ
μεγάλων τῶν διαφερόντων καθεστώτων, περὶ ὧν

οὐκ αἰσθάνεσθαι ἡμῖν γε δοκεῖτε, οὐδ' ἐκλογίσασθαι
πώποτε πρὸς οἵους ὑμῖν Ἀθηναίους ὄντας καὶ
ὅσον ὑμῶν καὶ ὡς πᾶν διαφέροντας ὁ ἀγὼν ἔσται.
οἱ μέν γε νεωτεροποιοὶ καὶ ἐπινοῆσαι ὀξεῖς καὶ
ἐπιτελέσαι ἔργῳ ὃ ἂν γνῶσιν· ὑμεῖς δὲ τὰ ὑπάρ-
χοντά τε σῴζειν καὶ ἐπιγνῶναι μηδὲν καὶ ἔργῳ
οὐδὲ τἀναγκαῖα ἐξικέσθαι. αὖθις δὲ οἱ μὲν καὶ
παρὰ δύναμιν τολμηταὶ καὶ παρὰ γνώμην κιν-
δυνευταὶ καὶ ἐπὶ τοῖς δεινοῖς εὐέλπιδες· τὸ δὲ
ὑμέτερον τῆς τε δυνάμεως ἐνδεᾶ πρᾶξαι, τῆς τε
γνώμης μηδὲ τοῖς βεβαίοις πιστεῦσαι, τῶν τε
δεινῶν μηδέποτε οἴεσθαι ἀπολυθήσεσθαι. καὶ
μὴν καὶ ἄοκνοι πρὸς ὑμᾶς μελλητὰς καὶ ἀποδη-
μηταὶ πρὸς ἐνδημοτάτους. οἴονται γὰρ οἱ μὲν τῇ
ἀπουσίᾳ ἄν τι κτᾶσθαι, ὑμεῖς δὲ τῷ ἐπελθεῖν καὶ
τὰ ἑτοῖμα ἂν βλάψαι. κρατοῦντές τε τῶν ἐχθρῶν
ἐπὶ πλεῖστον ἐξέρχονται, καὶ νικώμενοι ἐπ' ἐλά-
χιστον ἀναπίπτουσιν. ἔτι δὲ τοῖς μὲν σώμασιν
ἀλλοτριωτάτοις ὑπὲρ τῆς πόλεως χρῶνται, τῇ
γνώμῃ δὲ οἰκειοτάτῃ ἐς τὸ πράσσειν τι ὑπὲρ
αὐτῆς. καὶ ἃ μὲν ἂν ἐπινοήσαντες μὴ ἐξέλ-
θωσιν, οἰκεῖα στέρεσθαι ἡγοῦνται· ἃ δ' ἂν
ἐπελθόντες κτήσωνται, ὀλίγα πρὸς τὰ μέλλοντα
τυχεῖν πράξαντες. ἢν δ' ἄρα καί του πείρᾳ

σφαλῶσιν, ἀντελπίσαντες ἄλλα ἐπλήρωσαν τὴν
χρείαν. μόνοι γὰρ ἔχουσί τε ὁμοίως καὶ ἐλπί-
ζουσιν ἃ ἂν ἐπινοήσωσι, διὰ τὸ ταχεῖαν τὴν ἐπι-
χείρησιν ποιεῖσθαι ὧν ἂν γνῶσι. καὶ ταῦτα
μετὰ πόνων πάντα καὶ κινδύνων δι' ὅλου τοῦ
αἰῶνος μοχθοῦσι· καὶ ἀπολαύουσιν ἐλάχιστα
τῶν ὑπαρχόντων διὰ τὸ ἀεὶ κτᾶσθαι, καὶ μήτε
ἑορτὴν ἄλλο τι ἡγεῖσθαι ἢ τὸ τὰ δέοντα πρᾶξαι,
ξυμφοράν τε οὐχ ἧσσον ἡσυχίαν ἀπράγμονα ἢ
ἀσχολίαν ἐπίπονον. ὥστε εἴ τις αὐτοὺς ξυνελὼν
φαίη πεφυκέναι ἐπὶ τῷ μήτε αὐτοὺς ἔχειν ἡσυχίαν
μήτε τοὺς ἄλλους ἀνθρώπους ἐᾶν, ὀρθῶς ἂν
εἴποι.

THUC. i. 70.

(118)

'*If the Lacedaemonians do not awake to the urgent
necessity of action, their allies will have to seek
help elsewhere.*'

"Ταύτης μέντοι τοιαύτης ἀντικαθεστηκυίας πόλεως, ὦ Λακεδαιμόνιοι, διαμέλλετε· καὶ οἴεσθε τὴν
ἡσυχίαν οὐ τούτοις τῶν ἀνθρώπων ἐπὶ πλεῖστον
ἀρκεῖν οἳ ἂν τῇ μὲν παρασκευῇ δίκαια πράσσωσι,
τῇ δὲ γνώμῃ, ἢν ἀδικῶνται, δῆλοι ὦσι μὴ ἐπι-

τρέψοντες· ἀλλ' ἐπὶ τῷ μὴ λυπεῖν τε ἄλλους καὶ αὐτοὶ ἀμυνόμενοι μὴ βλάπτεσθαι τὸ ἴσον νέμετε. μόλις δ' ἂν πόλει ὁμοίᾳ παροικοῦντες ἐτυγχάνετε τούτου· νῦν δ' ὅπερ καὶ ἄρτι ἐδηλώσαμεν ἀρχαιότροπα ὑμῶν τὰ ἐπιτηδεύματα πρὸς αὐτούς ἐστιν. ἀνάγκη δὲ ὥσπερ τέχνης ἀεὶ τὰ ἐπιγιγνόμενα κρατεῖν· καὶ ἡσυχαζούσῃ μὲν πόλει τὰ ἀκίνητα νόμιμα ἄριστα, πρὸς πολλὰ δὲ ἀναγκαζομένοις ἰέναι πολλῆς καὶ τῆς ἐπιτεχνήσεως δεῖ. διόπερ καὶ τὰ τῶν Ἀθηναίων ἀπὸ τῆς πολυπειρίας ἐπὶ πλέον ὑμῶν κεκαίνωται.

"Μέχρι μὲν οὖν τοῦδε ὡρίσθω ὑμῶν ἡ βραδυτής· νῦν δὲ τοῖς τε ἄλλοις καὶ Ποτιδαιάταις, ὥσπερ ὑπεδέξασθε, βοηθήσατε κατὰ τάχος ἐσβαλόντες ἐς τὴν Ἀττικήν, ἵνα μὴ ἄνδρας τε φίλους καὶ ξυγγενεῖς τοῖς ἐχθίστοις προῆσθε, καὶ ἡμᾶς τοὺς ἄλλους ἀθυμίᾳ πρὸς ἑτέραν τινὰ ξυμμαχίαν τρέψητε. δρῷμεν δ' ἂν ἄδικον οὐδὲν οὔτε πρὸς θεῶν τῶν ὁρκίων οὔτε πρὸς ἀνθρώπων τῶν αἰσθανομένων. λύουσι γὰρ σπονδὰς οὐχ οἱ δι' ἐρημίαν ἄλλοις προσιόντες, ἀλλ' οἱ μὴ βοηθοῦντες οἷς ἂν ξυνομόσωσι. βουλομένων δὲ ὑμῶν προθύμων εἶναι μενοῦμεν· οὔτε γὰρ ὅσια ἂν ποιοῖμεν μεταβαλλόμενοι οὔτε ξυνηθεστέρους ἂν ἄλλους

εὕροιμεν. πρὸς τάδε βουλεύεσθε εὖ καὶ τὴν Πε- 30
λοπόννησον πειρᾶσθε μὴ ἐλάσσω ἐξηγεῖσθαι ἢ
οἱ πατέρες ὑμῖν παρέδοσαν."

THUC. i. 71.

(119)

The Athenians (who happened to be present at Sparta on some other matters) came forward to defend the policy of Athens.

Τοιαῦτα μὲν οἱ Κορίνθιοι εἶπον. τῶν δὲ Ἀθηναίων ἔτυχε γὰρ πρεσβεία πρότερον ἐν τῇ Λακεδαίμονι περὶ ἄλλων παροῦσα, καὶ ὡς ᾔσθοντο τῶν λόγων, ἔδοξεν αὐτοῖς παριτητέα ἐς τοὺς Λακεδαιμονίους εἶναι, τῶν μὲν ἐγκλημάτων πέρι μηδὲν 5
ἀπολογησομένους, ὧν αἱ πόλεις ἐνεκάλουν, δηλῶσαι δὲ περὶ τοῦ παντός, ὡς οὐ ταχέως αὐτοῖς βουλευτέον εἴη, ἀλλ' ἐν πλείονι σκεπτέον. καὶ ἅμα τὴν σφετέραν πόλιν ἐβούλοντο σημῆναι ὅση εἴη δύναμιν, καὶ ὑπόμνησιν ποιήσασθαι τοῖς τε 10
πρεσβυτέροις ὧν ᾔδεσαν καὶ τοῖς νεωτέροις ἐξήγησιν ὧν ἄπειροι ἦσαν, νομίζοντες μᾶλλον ἂν αὐτοὺς ἐκ τῶν λόγων πρὸς τὸ ἡσυχάζειν τραπέσθαι ἢ πρὸς τὸ πολεμεῖν. προσελθόντες οὖν

15 τοῖς Λακεδαιμονίοις ἔφασαν βούλεσθαι καὶ αὐτοὶ ἐς τὸ πλῆθος αὐτῶν εἰπεῖν εἴ τι μὴ ἀποκωλύοι. οἱ δ' ἐκέλευόν τε ἐπιέναι, καὶ παρελθόντες οἱ Ἀθηναῖοι ἔλεγον τοιάδε.

THUC. i. 72.

(120)

'*Athens had been the Saviour of Greece in the Persian Wars and deserved universal admiration and gratitude. She had risked her all in the general cause, when she might easily have made separate terms with the foreigner. Whose was the fleet that fought at Salamis? The fleet of Athens. Whose citizen was Themistocles? A citizen of Athens. Who abandoned their homes and city, and threw themselves heart and soul into the struggle, and saved all Greece from servitude? Athens.*'

" 'Η μὲν πρέσβευσις ἡμῶν οὐκ ἐς ἀντιλογίαν τοῖς ὑμετέροις ξυμμάχοις ἐγένετο, ἀλλὰ περὶ ὧν ἡ πόλις ἔπεμψεν· αἰσθόμενοι δὲ καταβοὴν οὐκ ὀλίγην οὖσαν ἡμῶν παρήλθομεν οὐ τοῖς ἐγκλήμασι
5 τῶν πόλεων ἀντεροῦντες, οὐ γὰρ παρὰ δικασταῖς ὑμῖν οὔτε ἡμῶν οὔτε τούτων οἱ λόγοι ἂν γίγνοιντο,

ἀλλ' ὅπως μὴ ῥᾳδίως περὶ μεγάλων πραγμάτων
τοῖς ξυμμάχοις πειθόμενοι χεῖρον βουλεύσησθε,
καὶ ἅμα βουλόμενοι περὶ τοῦ παντὸς λόγου τοῦ
ἐς ἡμᾶς καθεστῶτος δηλῶσαι ὡς οὔτε ἀπεικότως
ἔχομεν ἃ κεκτήμεθα, ἥ τε πόλις ἡμῶν ἀξία λόγου
ἐστί. καὶ τὰ μὲν πάνυ παλαιὰ τί δεῖ λέγειν,
ὧν ἀκοαὶ μᾶλλον λόγων μάρτυρες ἢ ὄψις τῶν
ἀκουσομένων; τὰ δὲ Μηδικὰ καὶ ὅσα αὐτοὶ
ξύνιστε, εἰ καὶ δι' ὄχλου μᾶλλον ἔσται ἀεὶ προ-
βαλλομένοις, ἀνάγκη λέγειν· καὶ γὰρ ὅτε ἐδρῶ-
μεν, ἐπ' ὠφελείᾳ ἐκινδυνεύετο, ἧς τοῦ μὲν ἔργου
μέρος μετέσχετε, τοῦ δὲ λόγου μὴ παντός, εἴ τι
ὠφελεῖ, στερισκώμεθα. ῥηθήσεται δὲ οὐ παρ-
αιτήσεως μᾶλλον ἕνεκα ἢ μαρτυρίου καὶ δηλώ-
σεως πρὸς οἵαν ὑμῖν πόλιν μὴ εὖ βουλευομένοις
ὁ ἀγὼν καταστήσεται. φαμὲν γὰρ Μαραθῶνί
τε μόνοι προκινδυνεῦσαι τῷ βαρβάρῳ καὶ ὅτε τὸ
ὕστερον ἦλθεν, οὐχ ἱκανοὶ ὄντες κατὰ γῆν ἀμύνεσθαι, ἐσβάντες ἐς τὰς ναῦς πανδημεὶ ἐν Σαλα-
μῖνι ξυνναυμαχῆσαι, ὅπερ ἔσχε μὴ κατὰ πόλεις
αὐτὸν ἐπιπλέοντα τὴν Πελοπόννησον πορθεῖν,
ἀδυνάτων ἂν ὄντων πρὸς ναῦς πολλὰς ἀλλήλοις
ἐπιβοηθεῖν. τεκμήριον δὲ μέγιστον αὐτὸς ἐποί-
ησε· νικηθεὶς γὰρ ταῖς ναυσὶν ὡς οὐκέτι αὐτῷ

ὁμοίας οὔσης τῆς δυνάμεως κατὰ τάχος τῷ πλέονι τοῦ στρατοῦ ἀνεχώρησε.

"Τοιούτου μέντοι ξυμβάντος τούτου καὶ σαφῶς δηλωθέντος ὅτι ἐν ταῖς ναυσὶ τῶν Ἑλλήνων τὰ
35 πράγματα ἐγένετο, τρία τὰ ὠφελιμώτατα ἐς αὐτὸ παρεσχόμεθα, ἀριθμόν τε νεῶν πλεῖστον καὶ ἄνδρα στρατηγὸν ξυνετώτατον καὶ προθυμίαν ἀοκνοτάτην, ναῦς μέν γε ἐς τὰς τετρακοσίας ὀλίγῳ ἐλάσσους τῶν δύο μοιρῶν, Θεμιστοκλέα δὲ
40 ἄρχοντα, ὃς αἰτιώτατος ἐν τῷ στενῷ ναυμαχῆσαι ἐγένετο, ὅπερ σαφέστατα ἔσωσε τὰ πράγματα καὶ αὐτοὶ διὰ τοῦτο δὴ μάλιστα ἐτιμήσατε ἄνδρα ξένον τῶν ὡς ὑμᾶς ἐλθόντων. προθυμίαν δὲ καὶ πολὺ τολμηροτάτην ἐδείξαμεν, οἵ γε ἐπειδὴ ἡμῖν
45 κατὰ γῆν οὐδεὶς ἐβοήθει, τῶν ἄλλων ἤδη μέχρι ἡμῶν δουλευόντων ἠξιώσαμεν ἐκλιπόντες τὴν πόλιν καὶ τὰ οἰκεῖα διαφθείραντες μηδ' ὣς τὸ τῶν περιλοίπων ξυμμάχων κοινὸν προλιπεῖν, μηδὲ σκεδασθέντες ἀχρεῖοι αὐτοῖς γενέσθαι, ἀλλ'
50 ἐσβάντες ἐς τὰς ναῦς κινδυνεῦσαι καὶ μὴ ὀργισθῆναι ὅτι ἡμῖν οὐ προετιμωρήσατε. ὥστε φαμὲν οὐχ ἧσσον αὐτοὶ ὠφελῆσαι ὑμᾶς ἢ τυχεῖν τούτου. ὑμεῖς μὲν γὰρ ἀπό τε οἰκουμένων τῶν πόλεων καὶ ἐπὶ τῷ τὸ λοιπὸν νέμεσθαι, ἐπειδὴ ἐδείσατε ὑπὲρ

ὑμῶν καὶ οὐχ ἡμῶν τὸ πλέον, ἐβοηθήσατε· ὅτε 55
γοῦν ἦμεν ἔτι σῶοι, οὐ παρεγένεσθε· ἡμεῖς δέ ἀπό
τε τῆς οὐκ οὔσης ἔτι ὁρμώμενοι καὶ ὑπὲρ τῆς ἐν
βραχείᾳ ἐλπίδι οὔσης κινδυνεύοντες ξυνεσώσαμεν
ὑμᾶς τε τὸ μέρος καὶ ἡμᾶς αὐτούς. εἰ δὲ προσε-
χωρήσαμεν πρότερον τῷ Μήδῳ, δείσαντες, ὥσπερ 60
καὶ ἄλλοι, περὶ τῇ χώρᾳ, ἢ μὴ ἐτολμήσαμεν
ὕστερον ἐσβῆναι ἐς τὰς ναῦς ὡς διεφθαρμένοι,
οὐδὲν ἂν ἔτι ἔδει ὑμᾶς μὴ ἔχοντας ναῦς ἱκανὰς
ναυμαχεῖν, ἀλλὰ καθ' ἡσυχίαν ἂν αὐτῷ προε-
χώρησε τὰ πράγματα ᾗ ἐβούλετο. 65
THUC. i. 73-74.

(121)

'*Our greatness was thrust upon us: we did not grasp at Empire, it was forced upon us. You hung back and would not lead the allied forces: the command was imposed upon us because you refused it. The leadership grew into an Empire by no fault of ours. We could not have thrown it up had we desired.*'

"Ἆρ' ἄξιοί ἐσμεν, ὦ Λακεδαιμόνιοι, καὶ προθυ-
μίας ἕνεκα τῆς τότε καὶ γνώμης ξυνέσεως ἀρχῆς
γε ἧς ἔχομεν τοῖς Ἕλλησι μὴ οὕτως ἄγαν ἐπι-

φθόνως διακεῖσθαι; καὶ γὰρ αὐτὴν τήνδε ἐλάβομεν
οὐ βιασάμενοι, ἀλλ' ὑμῶν μὲν οὐκ ἐθελησάντων
παραμεῖναι πρὸς τὰ ὑπόλοιπα τοῦ βαρβάρου,
ἡμῖν δὲ προσελθόντων τῶν ξυμμάχων καὶ αὐτῶν
δεηθέντων ἡγεμόνας καταστῆναι· ἐξ αὐτοῦ δὲ τοῦ
ἔργου κατηναγκάσθημεν τὸ πρῶτον προαγαγεῖν
αὐτὴν ἐς τόδε, μάλιστα μὲν ὑπὸ δέους, ἔπειτα δὲ
καὶ τιμῆς, ὕστερον καὶ ὠφελείας. καὶ οὐκ ἀσφαλὲς
ἔτι ἐδόκει εἶναι τοῖς πολλοῖς ἀπηχθημένους καί
τινων καὶ ἤδη ἀποστάντων κατεστραμμένων, ὑμῶν
τε ἡμῖν οὐκέτι ὁμοίως φίλων ἀλλ' ὑπόπτων καὶ
διαφόρων ὄντων, ἀνέντας κινδυνεύειν· καὶ γὰρ ἂν
αἱ ἀποστάσεις πρὸς ὑμᾶς ἐγίγνοντο. πᾶσι δὲ
ἀνεπίφθονον, τὰ ξυμφέροντα τῶν μεγίστων πέρι
κινδύνων εὖ τίθεσθαι.

THUC. i. 75.

(122)

'*We followed the rule of self interest. So do you, and so do all. It is a law of human nature. Rather do we deserve praise because we have not abused our power, but have been generous and moderate when we might have been hard and tyrannical.*'

"'Ὑμεῖς γοῦν, ὦ Λακεδαιμόνιοι, τὰς ἐν τῇ Πελοποννήσῳ πόλεις ἐπὶ τὸ ὑμῖν ὠφέλιμον καταστησά-

μενοι ἐξηγεῖσθε· καὶ εἰ τότε ὑπομείναντες διὰ
παντὸς ἀπήχθησθε ἐν τῇ ἡγεμονίᾳ ὥσπερ ἡμεῖς,
εὖ ἴσμεν μὴ ἂν ἧσσον ὑμᾶς λυπηροὺς γενομένους
τοῖς ξυμμάχοις καὶ ἀναγκασθέντας ἂν ἢ ἄρχειν
ἐγκρατῶς ἢ αὐτοὺς κινδυνεύειν. οὕτως οὐδ' ἡμεῖς
θαυμαστὸν οὐδὲν πεποιήκαμεν οὐδ' ἀπὸ τοῦ ἀν-
θρωπείου τρόπου, εἰ ἀρχήν τε διδομένην ἐδεξά-
μεθα, καὶ ταύτην μὴ ἀνεῖμεν ὑπὸ τῶν μεγίστων
νικηθέντες, τιμῆς καὶ δέους καὶ ὠφελείας, οὐδ' αὖ
πρῶτοι τοῦ τοιούτου ὑπάρξαντες, ἀλλ' ἀεὶ καθεστῶτος τὸν ἥσσω ὑπὸ τοῦ δυνατωτέρου κατείρ-
γεσθαι, ἄξιοί τε ἅμα νομίζοντες εἶναι καὶ ὑμῖν
δοκοῦντες μέχρι οὗ τὰ ξυμφέροντα λογιζόμενοι
τῷ δικαίῳ λόγῳ νῦν χρῆσθε, ὃν οὐδείς πω παρα-
τυχὸν ἰσχύϊ τι κτήσασθαι προθεὶς τοῦ μὴ πλέον
ἔχειν ἀπετράπετο· ἐπαινεῖσθαί τε ἄξιοι οἵτινες
χρησάμενοι τῇ ἀνθρωπείᾳ φύσει ὥστε ἑτέρων
ἄρχειν, δικαιότεροι ἢ κατὰ τὴν ὑπάρχουσαν
δύναμιν γεγένηνται. ἄλλους γ' ἂν οὖν οἰόμεθα
τὰ ἡμέτερα λαβόντας δεῖξαι ἂν μάλιστα εἴ τι με-
τριάζομεν· ἡμῖν δὲ καὶ ἐκ τοῦ ἐπιεικοῦς ἀδοξία
τὸ πλέον ἢ ἔπαινος οὐκ εἰκότως περιέστη.

THUC. i. 76.

(123)

'*That we are unpopular is true. It is true and it is also inevitable. All imperial states are unpopular. Should you ever have an Empire, you would be hated more than we are.*'

"Καὶ ἐλασσούμενοι γὰρ ἐν ταῖς ξυμβολαίαις πρὸς τοὺς ξυμμάχους δίκαις καὶ παρ' ἡμῖν αὐτοῖς ἐν τοῖς ὁμοίοις νόμοις ποιήσαντες τὰς κρίσεις φιλοδικεῖν δοκοῦμεν. καὶ οὐδεὶς σκοπεῖ αὐτῶν
5 τοῖς καὶ ἄλλοθί που ἀρχὴν ἔχουσι καὶ ἧσσον ἡμῶν πρὸς τοὺς ὑπηκόους μετρίοις οὖσι διότι τοῦτο οὐκ ὀνειδίζεται· βιάζεσθαι γὰρ οἷς ἂν ἐξῇ, δικάζεσθαι οὐδὲν προσδέονται. οἱ δὲ εἰθισμένοι πρὸς ἡμᾶς ἀπὸ τοῦ ἴσου ὁμιλεῖν, ἤν τι παρὰ τὸ
10 μὴ οἴεσθαι χρῆναι ἢ γνώμῃ ἢ δυνάμει τῇ διὰ τὴν ἀρχὴν καὶ ὁπωσοῦν ἐλασσωθῶσιν, οὐ τοῦ πλέονος μὴ στερισκόμενοι χάριν ἔχουσιν, ἀλλὰ τοῦ ἐνδεοῦς χαλεπώτερον φέρουσιν ἢ εἰ ἀπὸ πρώτης ἀποθέμενοι τὸν νόμον φανερῶς ἐπλεονεκτοῦμεν. ἐκείνως
15 δὲ οὐδ' ἂν αὐτοὶ ἀντέλεγον ὡς οὐ χρεὼν τὸν ἥσσω τῷ κρατοῦντι ὑποχωρεῖν. ἀδικούμενοί τε, ὡς ἔοικεν, οἱ ἄνθρωποι μᾶλλον ὀργίζονται ἢ βιαζό-

μενοι. τὸ μὲν γὰρ ἀπὸ τοῦ ἴσου δοκεῖ πλεονεκτεῖσ-
θαι, τὸ δ' ἀπὸ τοῦ κρείσσονος καταναγκάζεσθαι.
ὑπὸ γοῦν τοῦ Μήδου δεινότερα τούτων πάσχοντες
ἠνείχοντο, ἡ δὲ ἡμετέρα ἀρχὴ χαλεπὴ δοκεῖ εἶναι,
εἰκότως· τὸ παρὸν γὰρ ἀεὶ βαρὺ τοῖς ὑπηκόοις.
ὑμεῖς γ' ἂν οὖν εἰ καθελόντες ἡμᾶς ἄρξαιτε, τάχα
ἂν τὴν εὔνοιαν ἣν διὰ τὸ ἡμέτερον δέος εἰλήφατε,
μεταβάλοιτε, εἴπερ οἷα καὶ τότε πρὸς τὸν Μῆδον
δι' ὀλίγου ἡγησάμενοι ὑπεδείξατε, ὁμοῖα καὶ νῦν
γνώσεσθε. ἄμικτα γὰρ τά τε καθ' ὑμᾶς αὐτοὺς
νόμιμα τοῖς ἄλλοις ἔχετε καὶ προσέτι εἷς ἕκαστος
ἐξιὼν οὔτε τούτοις χρῆται οὔθ' οἷς ἡ ἄλλη Ἑλλὰς
νομίζει.

THUC. i. 77.

(124)

'*Do not then decide hastily on war. War is a game in which the chances are equal, and none can forecast its result. Let us try every peaceful means of settling onr differences before resorting to the supreme arbitrament of War.*'

"Βουλεύεσθε οὖν βραδέως ὡς οὐ περὶ βραχέων, καὶ μὴ ἀλλοτρίαις γνώμαις καὶ ἐγκλήμασι πεισ-θέντες οἰκεῖον πόνον προσθῆσθε. τοῦ δὲ πολέμου

τὸν παράλογον, ὅσος ἐστί, πρὶν ἐν αὐτῷ γενέσθαι
προδιάγνωτε· μηκυνόμενος γὰρ φιλεῖ ἐς τύχας τὰ
πολλὰ περιίστασθαι, ὧν ἴσον τε ἀπέχομεν καὶ
ὁποτέρως ἔσται ἐν ἀδήλῳ κινδυνεύεται. ἰόντες
τε οἱ ἄνθρωποι ἐς τοὺς πολέμους τῶν ἔργων πρότερον ἔχονται, ἃ χρῆν ὕστερον δρᾶν, κακοπα-
θοῦντες δὲ ἤδη τῶν λόγων ἅπτονται. ἡμεῖς δὲ ἐν
οὐδεμιᾷ πω τοιαύτῃ ἁμαρτίᾳ ὄντες οὔτ' αὐτοὶ οὔθ'
ὑμᾶς ὁρῶντες λέγομεν ὑμῖν, ἕως ἔτι αὐθαίρετος
ἀμφοτέροις ἡ εὐβουλία, σπονδὰς μὴ λύειν μηδὲ
παραβαίνειν τοὺς ὅρκους, τὰ δὲ διάφορα δίκῃ
λύεσθαι κατὰ τὴν ξυνθήκην· ἢ θεοὺς τοὺς ὁρκίους
μάρτυρας ποιούμενοι πειρασόμεθα ἀμύνεσθαι
πολέμου ἄρχοντας ταύτῃ ᾗ ἂν ὑφηγῆσθε."

THUC. i. 78.

(125)

The Plataeans despair of relief from Athens, and resolve to force their way through the lines of the enemy.

Τοῦ δ' αὐτοῦ χειμῶνος οἱ Πλαταιῆς, ἔτι γὰρ ἐπολιορκοῦντο ὑπὸ τῶν Πελοποννησίων καὶ Βοιωτῶν, ἐπειδὴ τῷ τε σίτῳ ἐπιλιπόντι ἐπιέζοντο καὶ ἀπὸ τῶν Ἀθηνῶν οὐδεμία ἐλπὶς ἦν τιμωρίας οὐδὲ ἄλλη σωτηρία ἐφαίνετο, ἐπιβουλεύουσιν αὐτοί τε καὶ Ἀθηναίων οἱ ξυμπολιορκούμενοι πρῶτον μὲν πάντες ἐξελθεῖν καὶ ὑπερβῆναι τὰ τείχη τῶν πολεμίων, ἢν δύνωνται βιάσασθαι, ἐσηγησαμένου τὴν πεῖραν αὐτοῖς Θεαινέτου τε τοῦ Τολμίδου, ἀνδρὸς μάντεως, καὶ Εὐπομπίδου τοῦ Δαϊμάχου, ὃς καὶ ἐστρατήγει· ἔπειτα οἱ μὲν ἡμίσεις ἀπώκνησάν πως τὸν κίνδυνον μέγαν ἡγησάμενοι, ἐς δὲ ἄνδρας διακοσίους καὶ εἴκοσι μάλιστα ἐνέμειναν τῇ ἐξόδῳ ἐθελονταὶ τρόπῳ τοιῷδε. κλίμακας ἐποιήσαντο ἴσας τῷ τείχει τῶν πολεμίων· ξυνεμετρήσαντο δὲ ταῖς ἐπιβολαῖς τῶν πλίνθων ᾗ ἔτυχε πρὸς σφᾶς οὐκ ἐξαληλιμμένον τὸ τεῖχος αὐτῶν. ἠριθμοῦντο δὲ πολλοὶ ἅμα τὰς ἐπιβολὰς καὶ ἔμελλον οἱ μέν τινες ἁμαρτήσεσθαι, οἱ δὲ πλείους τεύξεσθαι τοῦ ἀληθοῦς λογισμοῦ, ἄλλως τε καὶ πολλάκις ἀριθμοῦντες καὶ ἅμα οὐ πολὺ ἀπέχοντες, ἀλλὰ ῥᾳδίως καθορωμένου ἐς ὃ ἐβούλοντο τοῦ τείχους. τὴν μὲν οὖν ξυμμέτρησιν τῶν κλιμάκων οὕτως ἔλαβον, ἐκ τοῦ πάχους τῆς πλίνθου εἰκάσαντες τὸ μέτρον.

Thuc. iii. 20.

(126)

The lines are described.

Τὸ δὲ τεῖχος ἦν τῶν Πελοποννησίων τοιόνδε τῇ οἰκοδομήσει. εἶχε μὲν δύο τοὺς περιβόλους, πρός τε Πλαταιῶν καὶ εἴ τις ἔξωθεν ἀπ' Ἀθηνῶν ἐπίοι, διεῖχον δὲ οἱ περίβολοι ἑκκαίδεκα πόδας
5 μάλιστα ἀπ' ἀλλήλων· τὸ οὖν μεταξὺ τοῦτο, οἱ ἑκκαίδεκα πόδες, τοῖς φύλαξιν οἰκήματα διανενεμημένα ᾠκοδόμητο, καὶ ἦν ξυνεχῆ ὥστε ἓν φαίνεσθαι τεῖχος παχὺ ἐπάλξεις ἔχον ἀμφοτέρωθεν. διὰ δέκα δὲ ἐπάλξεων πύργοι ἦσαν μεγάλοι καὶ
10 ἰσοπλατεῖς τῷ τείχει, διήκοντες ἔς τε τὸ ἔσω μέτωπον αὐτοῦ καὶ οἱ αὐτοὶ καὶ τὸ ἔξω, ὥστε πάροδον μὴ εἶναι παρὰ πύργον, ἀλλὰ δι' αὐτῶν μέσων διῇεσαν. τὰς οὖν νύκτας ὁπότε χειμὼν εἴη νοτερός, τὰς μὲν ἐπάλξεις ἀπέλειπον, ἐκ δὲ
15 τῶν πύργων ὄντων δι' ὀλίγου καὶ ἄνωθεν στεγανῶν τὴν φυλακὴν ἐποιοῦντο. τὸ μὲν οὖν τεῖχος ᾧ περιεφρουροῦντο οἱ Πλαταιῆς τοιοῦτον ἦν.

THUC. iii. 21.

(127)

Under cover of night, and with many a narrow escape, 212 of the Plataeans make their way over the wall of the Peloponnesians, and at last arrive safe in Athens.

Οἱ δ', ἐπειδὴ παρεσκεύαστο αὐτοῖς, τηρήσαντες νύκτα χειμέρινον ὕδατι καὶ ἀνέμῳ καὶ ἅμα ἀσέληνον ἐξῇεσαν· ἡγοῦντο δὲ οἵπερ καὶ τῆς πείρας αἴτιοι ἦσαν. καὶ πρῶτον μὲν τὴν τάφρον διέβησαν ἣ περιεῖχεν αὐτούς, ἔπειτα προσέμιξαν τῷ τείχει 5 τῶν πολεμίων λαθόντες τοὺς φύλακας, ἀνὰ τὸ σκοτεινὸν μὲν οὐ προϊδόντων αὐτῶν, ψόφῳ δὲ τῷ ἐκ τοῦ προσιέναι αὐτοὺς ἀντιπαταγοῦντος τοῦ ἀνέμου οὐ κατακουσάντων· ἅμα δὲ καὶ διέχοντες πολὺ ᾖσαν, ὅπως τὰ ὅπλα μὴ κρουόμενα πρὸς 10 ἄλληλα αἴσθησιν παρέχοι. ἦσαν δὲ εὐσταλεῖς τε τῇ ὁπλίσει καὶ τὸν ἀριστερὸν πόδα μόνον ὑποδεδεμένοι ἀσφαλείας ἕνεκα τῆς πρὸς τὸν πηλόν. κατὰ οὖν μεταπύργιον προσέμισγον πρὸς τὰς ἐπάλξεις, εἰδότες ὅτι ἐρῆμοί εἰσι, πρῶτον μὲν οἱ 15 τὰς κλίμακας φέροντες καὶ προσέθεσαν· ἔπειτα ψιλοὶ δώδεκα ξὺν ξιφιδίῳ καὶ θώρακι ἀνέβαινον,

ὧν ἡγεῖτο Ἀμμέας ὁ Κοροίβου καὶ πρῶτος ἀνέβη,
μετὰ δὲ αὐτὸν οἱ ἑπόμενοι ἓξ ἐφ' ἑκάτερον τῶν
20 πύργων ἀνέβαινον· ἔπειτα ψιλοὶ ἄλλοι μετὰ
τούτους ξὺν δορατίοις ἐχώρουν, οἷς ἕτεροι κατόπιν
τὰς ἀσπίδας ἔφερον, ὅπως ἐκεῖνοι ῥᾷον προσβαί-
νοιεν, καὶ ἔμελλον δώσειν ὁπότε πρὸς τοῖς πολεμίοις εἴησαν. ὡς δὲ ἄνω πλείους ἐγένοντο, ᾔσθοντο
25 οἱ ἐκ τῶν πύργων φύλακες· κατέβαλε γάρ τις τῶν
Πλαταιῶν ἀντιλαμβανόμενος ἀπὸ τῶν ἐπάλξεων
κεραμίδα, ἣ πεσοῦσα δοῦπον ἐποίησε. καὶ αὐτίκα
βοὴ ἦν, τὸ δὲ στρατόπεδον ἐπὶ τὸ τεῖχος ὥρμησεν·
οὐ γὰρ ᾔδει ὅ τι ἦν τὸ δεινὸν σκοτεινῆς νυκτὸς καὶ
30 χειμῶνος ὄντος, καὶ ἅμα οἱ ἐν τῇ πόλει τῶν Πλαταιῶν ὑπολελειμμένοι ἐξελθόντες προσέβαλον τῷ
τείχει τῶν Πελοποννησίων ἐκ τοὔμπαλιν ἢ οἱ
ἄνδρες αὐτῶν ὑπερέβαινον, ὅπως ἥκιστα πρὸς
αὐτοὺς τὸν νοῦν ἔχοιεν. ἐθορυβοῦντο μὲν οὖν
35 κατὰ χώραν μένοντες, βοηθεῖν δὲ οὐδεὶς ἐτόλμα
ἐκ τῆς ἑαυτῶν φυλακῆς, ἀλλ' ἐν ἀπόρῳ ἦσαν
εἰκάσαι τὸ γιγνόμενον. καὶ οἱ τριακόσιοι αὐτῶν,
οἷς ἐτέτακτο παραβοηθεῖν εἴ τι δέοι, ἐχώρουν ἔξω
τοῦ τείχους πρὸς τὴν βοήν. φρυκτοί τε ᾔροντο
40 ἐς τὰς Θήβας πολέμιοι· παρανῖσχον δὲ καὶ οἱ ἐκ
τῆς πόλεως Πλαταιῆς ἀπὸ τοῦ τείχους φρυκτοὺς

πολλοὺς πρότερον παρεσκευασμένους ἐς αὐτὸ τοῦτο, ὅπως ἀσαφῆ τὰ σημεῖα τῆς φρυκτωρίας τοῖς πολεμίοις ᾖ καὶ μὴ βοηθοῖεν, ἄλλο τι νομίσαντες τὸ γιγνόμενον εἶναι ἢ τὸ ὄν, πρὶν σφῶν οἱ ἄνδρες οἱ ἐξιόντες διαφύγοιεν καὶ τοῦ ἀσφαλοῦς ἀντιλάβοιντο. οἱ δ' ὑπερβαίνοντες τῶν Πλαταιῶν ἐν τούτῳ, ὡς οἱ πρῶτοι αὐτῶν ἀναβεβήκεσαν καὶ τοῦ πύργου ἑκατέρου τοὺς φύλακας διαφθείραντες ἐκεκρατήκεσαν, τάς τε διόδους τῶν πύργων ἐνστάντες αὐτοὶ ἐφύλασσον μηδένα δι' αὐτῶν ἐπιβοηθεῖν, καὶ κλίμακας προσθέντες ἀπὸ τοῦ τείχους τοῖς πύργοις καὶ ἐπαναβιβάσαντες ἄνδρας πλείους, οἱ μὲν ἀπὸ τῶν πύργων τοὺς ἐπιβοηθοῦντας καὶ κάτωθεν καὶ ἄνωθεν εἶργον βάλλοντες, οἱ δ' ἐν τούτῳ οἱ πλείους πολλὰς προσθέντες κλίμακας ἅμα καὶ τὰς ἐπάλξεις ἀπώσαντες διὰ τοῦ μεταπυργίου ὑπερέβαινον. ὁ δὲ διακομιζόμενος ἀεὶ ἵστατο ἐπὶ τοῦ χείλους τῆς τάφρου καὶ ἐντεῦθεν ἐτόξευόν τε καὶ ἠκόντιζον εἴ τις παραβοηθῶν παρὰ τὸ τεῖχος κωλυτὴς γίγνοιτο τῆς διαβάσεως. ἐπεὶ δὲ πάντες διεπεπεραίωντο, οἱ ἀπὸ τῶν πύργων, χαλεπῶς οἱ τελευταῖοι, καταβαίνοντες ἐχώρουν ἐπὶ τὴν τάφρον, καὶ ἐν τούτῳ οἱ τριακόσιοι αὐτοῖς ἐπεφέροντο λαμπάδας ἔχοντες. οἱ

μὲν οὖν Πλαταιῆς ἐκείνους ἑώρων μᾶλλον ἐκ τοῦ σκότους ἑστῶτες ἐπὶ τοῦ χείλους τῆς τάφρου καὶ ἐτόξευόν τε καὶ ἐσηκόντιζον ἐς τὰ γυμνά, αὐτοὶ δὲ ἐν τῷ ἀφανεῖ ὄντες ἧσσον διὰ τὰς λαμπάδας
70 καθεωρῶντο, ὥστε φθάνουσι τῶν Πλαταιῶν καὶ οἱ ὕστατοι διαβάντες τὴν τάφρον, χαλεπῶς δὲ καὶ βιαίως· κρύσταλλός τε γὰρ ἐπεπήγει οὐ βέβαιος ἐν αὐτῇ ὥστ' ἐπελθεῖν, ἀλλ' οἷος ἀπηλιώτου ἢ βορέου ὑδατώδης μᾶλλον, καὶ ἡ νὺξ τοιούτῳ
75 ἀνέμῳ ὑπονειφομένη πολὺ τὸ ὕδωρ ἐν αὐτῇ ἐπεποιήκει, ὃ μόλις ὑπερέχοντες ἐπεραιώθησαν. ἐγένετο δὲ καὶ ἡ διάφευξις αὐτοῖς μᾶλλον διὰ τοῦ χειμῶνος τὸ μέγεθος. ὁρμήσαντες δὲ ἀπὸ τῆς τάφρου οἱ Πλαταιῆς ἐχώρουν ἀθρόοι τὴν ἐς
80 Θήβας φέρουσαν ὁδὸν ἐν δεξιᾷ ἔχοντες τὸ τοῦ Ἀνδροκράτους ἡρῷον, νομίζοντες ἥκιστα σφᾶς ταύτην αὐτοὺς ὑποτοπῆσαι τραπέσθαι τὴν ἐς τοὺς πολεμίους· καὶ ἅμα ἑώρων τοὺς Πελοποννησίους τὴν πρὸς Κιθαιρῶνα καὶ Δρυὸς κεφαλὰς
85 τὴν ἐπ' Ἀθηνῶν φέρουσαν μετὰ λαμπάδων διώκοντας. καὶ ἐπὶ μὲν ἓξ ἢ ἑπτὰ σταδίους οἱ Πλαταιῆς τὴν ἐπὶ τῶν Θηβῶν ἐχώρησαν, ἔπειθ' ὑποστρέψαντες ᾖσαν τὴν πρὸς τὸ ὄρος φέρουσαν ὁδὸν ἐς Ἐρύθρας καὶ Ὑσιὰς καὶ λαβόμενοι τῶν

ὁρῶν διαφεύγουσιν ἐς τὰς Ἀθήνας, ἄνδρες δώδεκα 90
καὶ διακόσιοι ἀπὸ πλειόνων· εἰσὶ γάρ τινες αὐτῶν
οἳ ἀπετράποντο ἐς τὴν πόλιν πρὶν ὑπερβαίνειν,
εἷς δ' ἐπὶ τῇ ἔξω τάφρῳ τοξότης ἐλήφθη. οἱ μὲν
οὖν Πελοποννήσιοι κατὰ χώραν ἐγένοντο τῆς
βοηθείας παυσάμενοι· οἱ δ' ἐκ τῆς πόλεως Πλα- 95
ταιῆς τῶν μὲν γεγενημένων εἰδότες οὐδέν, τῶν
δὲ ἀποτραπομένων σφίσιν ἀπαγγειλάντων ὡς
οὐδεὶς περίεστι, κήρυκα ἐκπέμψαντες, ἐπεὶ ἡμέρα
ἐγένετο, ἐσπένδοντο ἀναίρεσιν τοῖς νεκροῖς, μα-
θόντες δὲ τὸ ἀληθὲς ἐπαύσαντο. οἱ μὲν δὴ τῶν 100
Πλαταιῶν ἄνδρες οὕτως ὑπερβάντες ἐσώθησαν.

THUC. iii. 22-24.

(128)

The Plague. '*Let us eat and drink, for to-morrow we die.*'

Πρῶτόν τε ἦρξε καὶ ἐς τἆλλα τῇ πόλει ἐπὶ
πλέον ἀνομίας τὸ νόσημα. ῥᾷον γὰρ ἐτόλμα τις
ἃ πρότερον ἀπεκρύπτετο μὴ καθ' ἡδονὴν ποιεῖν,
ἀγχίστροφον τὴν μεταβολὴν ὁρῶντες τῶν τ' εὐ-
δαιμόνων καὶ αἰφνιδίως θνησκόντων καὶ τῶν 5
οὐδὲν πρότερον κεκτημένων, εὐθὺς δὲ τἀκείνων

ἐχόντων. ὥστε ταχείας τὰς ἐπαυρέσεις καὶ πρὸς τὸ τερπνὸν ἠξίουν ποιεῖσθαι, ἐφήμερα τά τε σώματα καὶ τὰ χρήματα ὁμοίως ἡγούμενοι. καὶ
10 τὸ μὲν προσταλαιπωρεῖν τῷ δόξαντι καλῷ οὐδεὶς πρόθυμος ἦν, ἄδηλον νομίζων εἰ πρὶν ἐπ᾽ αὐτὸ ἐλθεῖν διαφθαρήσεται· ὅ τι δὲ ἤδη τε ἡδὺ καὶ πανταχόθεν τὸ ἐς αὐτὸ κερδαλέον, τοῦτο καὶ καλὸν καὶ χρήσιμον κατέστη. θεῶν δὲ φόβος ἢ
15 ἀνθρώπων νόμος οὐδεὶς ἀπεῖργε, τὸ μὲν κρίνοντες ἐν ὁμοίῳ καὶ σέβειν καὶ μὴ ἐκ τοῦ πάντας ὁρᾶν ἐν ἴσῳ ἀπολλυμένους, τῶν δὲ ἁμαρτημάτων οὐδεὶς ἐλπίζων μέχρι τοῦ δίκην γενέσθαι βιοὺς ἂν τὴν τιμωρίαν ἀντιδοῦναι, πολὺ δὲ μείζω τὴν ἤδη
20 κατεψηφισμένην σφῶν ἐπικρεμασθῆναι, ἣν πρὶν ἐμπεσεῖν εἰκὸς εἶναι τοῦ βίου τι ἀπολαῦσαι.

THUC. ii. 53.

(129)

An Academic Debate on Forms of Government. The Praises of Democracy.

Ἐπεί τε δὲ κατέστη ὁ θόρυβος καὶ ἐκτὸς πέντε ἡμερέων ἐγένετο, ἐβουλεύοντο οἱ ἐπαναστάντες τοῖσι μάγοισι περὶ τῶν πρηγμάτων πάντων, καὶ ἐλέχθησαν λόγοι ἄπιστοι μὲν ἐνίοισι Ἑλλήνων,

ἐλέχθησαν δ' ὦν. Ὀτάνης μὲν ἐκέλευε ἐς
μέσον Πέρσῃσι καταθεῖναι τὰ πρήγματα, λέγων
τάδε· Ἐμοὶ δοκέει, ἕνα μὲν ἡμέων μούναρχον
μηκέτι γενέσθαι· οὔτε γὰρ ἡδὺ οὔτε ἀγαθόν.
εἴδετε μὲν γὰρ τὴν Καμβύσεω ὕβριν ἐπ' ὅσον
ἐξῆλθε, μετεσχήκατε δὲ καὶ τῆς τοῦ μάγου
ὕβριος. κῶς δ' ἂν εἴη χρῆμα κατηρτημένον
μουναρχίη, τῇ ἔξεστι ἀνευθύνῳ ποιέειν τα βούλεται; καὶ γὰρ ἂν τὸν ἄριστον ἀνδρῶν πάντων
στάντα ἐς ταύτην τὴν ἀρχὴν ἐκτὸς τῶν ἐωθότων
νοημάτων στήσειε. ἐγγίνεται μὲν γάρ οἱ ὕβρις
ὑπὸ τῶν παρεόντων ἀγαθῶν, φθόνος δὲ ἀρχῆθεν
ἐμφύεται ἀνθρώπῳ. δύο δ' ἔχων ταῦτα ἔχει
πᾶσαν κακότητα· τὰ μὲν γὰρ ὕβρι κεκορημένος
ἔρδει πολλὰ καὶ ἀτάσθαλα, τὰ δὲ φθόνῳ. καίτοι
ἄνδρα γε τύραννον ἄφθονον ἔδει εἶναι, ἔχοντά γε
πάντα τὰ ἀγαθά· τὸ δ' ὑπεναντίον τούτου ἐς τοὺς
πολιήτας πέφυκε· φθονέει γὰρ τοῖσι ἀρίστοισι
περιεοῦσί τε καὶ ζώουσι, χαίρει δὲ τοῖσι κακίσ-
τοισι τῶν ἀστῶν, διαβολὰς δὲ ἄριστος ἐνδέκεσθαι.
ἀναρμοστότατον δὲ πάντων· ἤν τε γὰρ αὐτὸν
μετρίως θωυμάζῃς, ἄχθεται ὅτι οὐ κάρτα θερα-
πεύεται, ἤν τε θεραπεύῃ τις κάρτα, ἄχθεται ἅτε
θωπί. τὰ δὲ δὴ μέγιστα ἔρχομαι ἐρέων· νόμαιά

τε κινεῖ πάτρια καὶ βιᾶται γυναῖκας κτείνει τε
30 ἀκρίτους. πλῆθος δὲ ἄρχον πρῶτα μὲν οὔνομα
πάντων κάλλιστον ἔχει, ἰσονομίην, δεύτερα δὲ
τούτων τῶν ὁ μούναρχος ποιέει οὐδέν· πάλῳ μὲν
ἀρχὰς ἄρχει, ὑπεύθυνον δὲ ἀρχὴν ἔχει, βουλεύματα δὲ πάντα ἐς τὸ κοινὸν ἀναφέρει. τίθεμαι
35 ὦν γνώμην μετέντας ἡμέας μουναρχίην τὸ πλῆθος
ἀέξειν· ἐν γὰρ τῷ πολλῷ ἔνι τὰ πάντα.

HEROD. iii. 80.

(130)

The Praises of Oligarchy.

Ὀτάνης μὲν δὴ ταύτην τὴν γνώμην ἐσέφερε,
Μεγάβυζος δὲ ὀλιγαρχίῃ ἐκέλευε ἐπιτράπειν,
λέγων τάδε· Τὰ μὲν Ὀτάνης εἶπε τυραννίδα
παύων, λελέχθω κἀμοὶ ταῦτα, τὰ δ' ἐς τὸ πλῆθος
5 ἄνωγε φέρειν τὸ κράτος, γνώμης τῆς ἀρίστης
ἡμάρτηκε. ὁμίλου γὰρ ἀχρηΐου οὐδέν ἐστι ἀσυνε-
τώτερον οὐδὲ ὑβριστότερον. καίτοι τυράννου
ὕβριν φεύγοντας ἄνδρας ἐς δήμου ἀκολάστου
ὕβριν πεσέειν ἐστὶ οὐδαμῶς ἀνασχετόν· ὁ μὲν
10 γὰρ εἴ τι ποιέει, γινώσκων ποιέει, τῷ δὲ οὐδὲ
γινώσκειν ἔνι· κῶς γὰρ ἂν γινώσκοι ὃς οὔτ'
ἐδιδάχθη οὔτε οἶδε καλὸν οὐδὲν οὐδ' οἰκήϊον,

ὠθέει τε ἐμπεσὼν τὰ πρήγματα ἄνευ νόου, χει-
μάρρῳ ποταμῷ ἴκελος ; δήμῳ μέν νυν, οἳ Πέρσῃσι
κακὸν νοέουσι, οὗτοι χράσθων, ἡμεῖς δὲ ἀνδρῶν
τῶν ἀρίστων ἐπιλέξαντες ὁμιλίην τούτοισι περι-
θέωμεν τὸ κράτος· ἐν γὰρ δὴ τούτοισι καὶ αὐτοὶ
ἐνεσόμεθα, ἀρίστων δὲ ἀνδρῶν οἰκὸς ἄριστα
βουλεύματα γίνεσθαι. Μεγάβυζος μὲν δὴ ταύτην γνώμην ἐσέφερε, τρίτος δὲ Δαρεῖος ἀπεδείκ-
νυτο γνώμην, λέγων·

HEROD. iii. 81.

(131)

The Praises of Monarchy.

Ἐμοὶ δὲ τὰ μὲν εἶπε Μεγάβυζος ἐς τὸ πλῆθος
ἔχοντα δοκέει ὀρθῶς λέξαι, τὰ δ' ἐς ὀλιγαρχίην
οὐκ ὀρθῶς. τριῶν γὰρ προκειμένων, καὶ πάντων
τῶν λέγω ἀρίστων ἐόντων, δήμου τε ἀρίστου καὶ
ὀλιγαρχίης καὶ μουνάρχου, πολλῷ τοῦτο προέχειν
λέγω. ἀνδρὸς γὰρ ἑνὸς τοῦ ἀρίστου οὐδὲν ἄμεινον
ἂν φανείη· γνώμῃ γὰρ τοιαύτῃ χρεόμενος ἐπι-
τροπεύοι ἂν ἀμωμήτως τοῦ πλήθεος, σιγῷτό τε ἂν
βουλεύματα ἐπὶ δυσμενέας ἄνδρας οὕτω μάλιστα.
ἐν δὲ ὀλιγαρχίῃ πολλοῖσι ἀρετὴν ἐπασκέουσι ἐς
τὸ κοινὸν ἔχθεα ἴδια ἰσχυρὰ φιλέει ἐγγίνεσθαι·

αὐτὸς γὰρ ἕκαστος βουλόμενος κορυφαῖος εἶναι
γνώμῃσί τε νικᾶν ἐς ἔχθεα μεγάλα ἀλλήλοισι
ἀπικνέονται, ἐξ ὧν στάσιες ἐγγίνονται, ἐκ δὲ τῶν
15 στασίων φόνος, ἐκ δὲ τοῦ φόνου ἀπέβη ἐς μουναρχίην, καὶ ἐν τούτῳ διέδεξε ὅσῳ ἐστὶ τοῦτο
ἄριστον. δήμου τε αὖ ἄρχοντος ἀδύνατα μὴ οὐ
κακότητα ἐγγίνεσθαι· κακότητος τοίνυν ἐγγινο-
μένης ἐς τὰ κοινὰ ἔχθεα μὲν οὐκ ἐγγίνεται τοῖσι
20 κακοῖσι, φιλίαι δὲ ἰσχυραί· οἱ γὰρ κακοῦντες τὰ
κοινὰ συγκύψαντες ποιεῦσι, τοῦτο δὲ τοιοῦτο
γίνεται ἐς ὃ ἂν προστάς τις τοῦ δήμου τοὺς
τοιούτους παύσῃ· ἐκ δὲ αὐτῶν θωυμάζεται οὗτος
δὴ ὑπὸ τοῦ δήμου, θωυμαζόμενος δὲ ἀν' ὧν ἐφάνη
25 μούναρχος ἐών· καὶ ἐν τούτῳ δηλοῖ καὶ οὗτος, ὡς
ἡ μουναρχίη κράτιστον. ἑνὶ δὲ ἔπεϊ πάντα συλ-
λαβόντα εἰπεῖν, κόθεν ἡμῖν ἡ ἐλευθερίη ἐγένετο,
καὶ τεῦ δόντος; κότερα παρὰ δήμου ἢ ὀλιγαρχίης
ἢ μουνάρχου; ἔχω τοίνυν γνώμην ἡμέας ἐλευθερω-
30 θέντας διὰ ἕνα ἄνδρα τὸ τοιοῦτο περιστέλλειν,
χωρίς τε τούτου πατρίους νόμους μὴ λύειν ἔχοντας
εὖ· οὐ γὰρ ἄμεινον.

HEROD. iii. 82.

(132)

Socrates tells a story and shews to what unknown regions the Spirits of the Departed go, how just are the Judges there, and how vain the excuses which pass current here on earth.

ΣΩ. Ἄκουε δή, φασί, μάλα καλοῦ λόγου, ὃν σὺ μὲν ἡγήσει μῦθον, ὡς ἐγὼ οἶμαι, ἐγὼ δὲ λόγον· ὡς ἀληθῆ γὰρ ὄντα σοι λέξω ἃ μέλλω λέγειν. ὥσπερ γὰρ Ὅμηρος λέγει, διενείμαντο τὴν ἀρχὴν ὁ Ζεὺς καὶ ὁ Πλούτων, ἐπειδὴ παρὰ τοῦ πατρὸς παρέλαβον. ἦν οὖν νόμος ὅδε περὶ ἀνθρώπων ἐπὶ Κρόνου, καὶ ἀεὶ καὶ νῦν ἔτι ἔστιν ἐν θεοῖς, τῶν ἀνθρώπων τὸν μὲν δικαίως τὸν βίον διελθόντα καὶ ὁσίως, ἐπειδὰν τελευτήσῃ, ἐς μακάρων νήσους ἀπιόντα οἰκεῖν ἐν πάσῃ εὐδαιμονίᾳ ἐκτὸς κακῶν, τὸν δὲ ἀδίκως καὶ ἀθέως εἰς τὸ τῆς τίσεώς τε καὶ δίκης δεσμωτήριον, ὃ δὴ Τάρταρον καλοῦσιν, ἰέναι. τούτων δὲ δικασταὶ ἐπὶ Κρόνου καὶ ἔτι νεωστὶ τοῦ Διὸς τὴν ἀρχὴν ἔχοντος ζῶντες ἦσαν ζώντων, ἐκείνῃ τῇ ἡμέρᾳ δικάζοντες ᾗ μέλλοιεν τελευτᾶν. κακῶς οὖν αἱ δίκαι ἐκρίνοντο. ὅ τε οὖν Πλούτων καὶ οἱ ἐπιμεληταὶ οἱ ἐκ μακάρων νήσων ἰόντες ἔλεγον πρὸς

τὸν Δία, ὅτι φοιτῷέν σφιν ἄνθρωποι ἑκατέρωσε
ἀνάξιοι. εἶπεν οὖν ὁ Ζεύς, Ἀλλ' ἐγώ, ἔφη, παύσω
τοῦτο γιγνόμενον. νῦν μὲν γὰρ κακῶς αἱ δίκαι
δικάζονται. ἀμπεχόμενοι γάρ, ἔφη, οἱ κρινόμενοι
κρίνονται· ζῶντες γὰρ κρίνονται. πολλοὶ οὖν, ἦ
δ' ὅς, ψυχὰς πονηρὰς ἔχοντες ἠμφιεσμένοι εἰσὶ
σώματά τε καλὰ καὶ γένη καὶ πλούτους, καί,
ἐπειδὰν ἡ κρίσις ᾖ, ἔρχονται αὐτοῖς πολλοὶ μάρτυρες, μαρτυρήσοντες ὡς δικαίως βεβιώκασιν. οἱ
οὖν δικασταὶ ὑπό τε τούτων ἐκπλήττονται, καὶ
ἅμα καὶ αὐτοὶ ἀμπεχόμενοι δικάζουσι, πρὸ τῆς
ψυχῆς τῆς αὑτῶν ὀφθαλμοὺς καὶ ὦτα καὶ ὅλον
τὸ σῶμα προκεκαλυμμένοι. ταῦτα δὴ αὐτοῖς
πάντα ἐπίπροσθεν γίγνεται, καὶ τὰ αὑτῶν ἀμφιέσ-
ματα καὶ τὰ τῶν κρινομένων. πρῶτον μὲν οὖν,
ἔφη, παυστέον ἐστὶ προειδότας αὐτοὺς τὸν θάνα-
τον· νῦν γὰρ προΐσασι. τοῦτο μὲν οὖν καὶ δὴ
εἴρηται τῷ Προμηθεῖ ὅπως ἂν παύσῃ αὐτῶν.
ἔπειτα γυμνοὺς κριτέον ἁπάντων τούτων· τεθνεῶ-
τας γὰρ δεῖ κρίνεσθαι. καὶ τὸν κριτὴν δεῖ γυμνὸν
εἶναι, τεθνεῶτα, αὐτῇ τῇ ψυχῇ αὐτὴν τὴν ψυχὴν
θεωροῦντα ἐξαίφνης ἀποθανόντος ἑκάστου, ἔρημον
πάντων τῶν συγγενῶν καὶ καταλιπόντα ἐπὶ τῆς
γῆς πάντα ἐκεῖνον τὸν κόσμον, ἵνα δικαία ἡ κρίσις

ᾖ. ἐγὼ μὲν οὖν ταῦτα ἐγνωκὼς πρότερος ἢ ὑμεῖς
ἐποιησάμην δικαστὰς υἱεῖς ἐμαυτοῦ, δύο μὲν ἐκ
τῆς Ἀσίας, Μίνω τε καὶ Ῥαδάμανθυν, ἕνα δὲ ἐκ 45
τῆς Εὐρώπης, Αἰακόν. οὗτοι οὖν, ἐπειδὰν τελευ-
τήσωσι, δικάσουσιν ἐν τῷ λειμῶνι, ἐν τῇ τριόδῳ,
ἐξ ἧς φέρετον τὼ ὁδώ, ἡ μὲν εἰς μακάρων νήσους,
ἡ δ' εἰς Τάρταρον. καὶ τοὺς μὲν ἐκ τῆς Ἀσίας
Ῥαδάμανθυς κρινεῖ, τοὺς δὲ ἐκ τῆς Εὐρώπης 50
Αἰακός· Μίνῳ δὲ πρεσβεῖα δώσω ἐπιδιακρίνειν,
ἐὰν ἀπορῆτόν τι τὼ ἑτέρω, ἵνα ὡς δικαιοτάτη ἡ
κρίσις ᾖ περὶ τῆς πορείας τοῖς ἀνθρώποις.

Ταῦτ' ἔστιν, ὦ Καλλίκλεις, ἃ ἐγὼ ἀκηκοὼς
πιστεύω ἀληθῆ εἶναι· καὶ ἐκ τούτων τῶν λόγων 55
τοιόνδε τι λογίζομαι συμβαίνειν. ὁ θάνατος
τυγχάνει ὤν, ὡς ἐμοὶ δοκεῖ, οὐδὲν ἄλλο ἢ δυοῖν
πραγμάτοιν διάλυσις, τῆς ψυχῆς καὶ τοῦ σώματος, ἀπ' ἀλλήλοιν· ἐπειδὰν δὲ διαλυθῆτον ἄρα
ἀπ' ἀλλήλοιν, οὐ πολὺ ἧττον ἑκάτερον αὐτοῖν 60
ἔχει τὴν ἕξιν τὴν αὑτοῦ, ἥνπερ καὶ ὅτε ἔζη ὁ
ἄνθρωπος, τό τε σῶμα τὴν φύσιν τὴν αὑτοῦ καὶ
τὰ θεραπεύματα καὶ τὰ παθήματα ἔνδηλα πάντα.
οἷον εἴ τινος μέγα ἦν τὸ σῶμα φύσει ἢ τροφῇ ἢ
ἀμφότερα ζῶντος, τούτου καὶ ἐπειδὰν ἀποθάνῃ ὁ 65
νεκρὸς μέγας καὶ εἰ παχύς, παχὺς καὶ ἀποθα-

νόντος, καὶ τἆλλα οὕτως· καὶ εἰ αὖ ἐπετήδευε
κομᾶν, κομήτης τούτου καὶ ὁ νεκρός. μαστιγίας
αὖ εἴ τις ἦν καὶ ἴχνη εἶχε τῶν πληγῶν οὐλὰς ἐν
70 τῷ σώματι ἢ ὑπὸ μαστίγων ἢ ἄλλων τραυμάτων
ζῶν, καὶ τεθνεῶτος τὸ σῶμα ἔστιν ἰδεῖν ταῦτα
ἔχον· κατεαγότα τε εἴ του ἦν μέλη ἢ διεστραμ-
μένα ζῶντος, καὶ τεθνεῶτος ταὐτὰ ταῦτα ἔνδηλα.
ἑνὶ δὲ λόγῳ, οἷος εἶναι παρεσκεύαστο τὸ σῶμα
75 ζῶν, ἔνδηλα ταῦτα καὶ τελευτήσαντος ἢ πάντα
ἢ τὰ πολλὰ ἐπί τινα χρόνον. ταὐτὸν δή μοι
δοκεῖ τοῦτ' ἄρα καὶ περὶ τὴν ψυχὴν εἶναι, ὦ
Καλλίκλεις· ἔνδηλα πάντα ἐστὶν ἐν τῇ ψυχῇ,
ἐπειδὰν γυμνωθῇ τοῦ σώματος, τά τε τῆς φύσεως
80 καὶ τὰ παθήματα, ἃ διὰ τὴν ἐπιτήδευσιν ἑκάστου
πράγματος ἔσχεν ἐν τῇ ψυχῇ ὁ ἄνθρωπος. ἐπειδὰν οὖν ἀφίκωνται παρὰ τὸν δικαστήν, οἱ μὲν ἐκ
τῆς Ἀσίας παρὰ τὸν Ῥαδάμανθυν, ὁ Ῥαδάμανθυς
ἐκείνους ἐπιστήσας θεᾶται ἑκάστου τὴν ψυχήν,
85 οὐκ εἰδὼς ὅτου ἐστίν, ἀλλὰ πολλάκις τοῦ μεγάλου
βασιλέως ἐπιλαβόμενος ἢ ἄλλου ὁτουοῦν βασιλέως ἐπιλαβόμενος ἢ ἄλλου ὁτουοῦν βασιλέως ἢ
δυνάστου κατεῖδεν οὐδὲν ὑγιὲς ὂν τῆς ψυχῆς,
ἀλλὰ διαμεμαστιγωμένην καὶ οὐλῶν μεστὴν ὑπὸ
90 ἐπιορκιῶν καὶ ἀδικίας, ἃ ἑκάστη ἡ πρᾶξις αὐτοῦ

ἐξωμόρξατο εἰς τὴν ψυχήν, καὶ πάντα σκολιὰ
ὑπὸ ψεύδους καὶ ἀλαζονείας καὶ οὐδὲν εὐθὺ διὰ
τὸ ἄνευ ἀληθείας τεθράφθαι· καὶ ὑπὸ ἐξουσίας καὶ
τρυφῆς καὶ ὕβρεως καὶ ἀκρατίας τῶν πράξεων
ἀσυμμετρίας τε καὶ αἰσχρότητος γέμουσαν τὴν 95
ψυχὴν εἶδεν· ἰδὼν δὲ ἀτίμως ταύτην ἀπέπεμψεν
εὐθὺ τῆς φρουρᾶς, οἷ μέλλει ἐλθοῦσα ἀνατλῆναι
τὰ προσήκοντα πάθη.

Προσήκει δὲ παντὶ τῷ ἐν τιμωρίᾳ ὄντι, ὑπ᾽
ἄλλου ὀρθῶς τιμωρουμένῳ, ἢ βελτίονι γίγνεσθαι 100
καὶ ὀνίνασθαι ἢ παραδείγματι τοῖς ἄλλοις γίγνεσθαι, ἵνα ἄλλοι ὁρῶντες πάσχοντα ἃ ἂν πάσχῃ
φοβούμενοι βελτίους γίγνωνται. εἰσὶ δὲ οἱ μὲν
ὠφελούμενοί τε καὶ δίκην διδόντες ὑπὸ θεῶν τε
καὶ ἀνθρώπων οὗτοι, οἳ ἂν ἰάσιμα ἁμαρτήματα 105
ἁμάρτωσιν· ὅμως δὲ δι᾽ ἀλγηδόνων καὶ ὀδυνῶν
γίγνεται αὐτοῖς ἡ ὠφέλεια καὶ ἐνθάδε καὶ ἐν
Ἅιδου· οὐ γὰρ οἷόν τε ἄλλως ἀδικίας ἀπαλλάτ-
τεσθαι. οἳ δ᾽ ἂν τὰ ἔσχατα ἀδικήσωσι καὶ διὰ
τοιαῦτα ἀδικήματα ἀνίατοι γένωνται, ἐκ τούτων 110
τὰ παραδείγματα γίγνεται, καὶ οὗτοι αὐτοὶ μὲν
οὐκέτι ὀνίνανται οὐδέν, ἅτε ἀνίατοι ὄντες, ἄλλοι
δὲ ὀνίνανται οἱ τούτους ὁρῶντες διὰ τὰς ἁμαρτίας
τὰ μέγιστα καὶ ὀδυνηρότατα καὶ φοβερώτατα

115 πάθη πάσχοντας τὸν ἀεὶ χρόνον, ἀτεχνῶς παραδείγματα ἀνηρτημένους ἐκεῖ "Αιδου ἐν τῷ δεσμωτηρίῳ, τοῖς ἀεὶ τῶν ἀδίκων ἀφικνουμένοις θεάματα καὶ νουθετήματα. ὧν ἐγώ φημι ἕνα καὶ Ἀρχέλαον ἔσεσθαι, εἰ ἀληθῆ λέγει Πῶλος, καὶ
120 ἄλλον ὅστις ἂν τοιοῦτος τύραννος ᾖ· οἶμαι δὲ καὶ τοὺς πολλοὺς εἶναι τούτων τῶν παραδειγμάτων ἐκ τυράννων καὶ βασιλέων καὶ δυναστῶν καὶ τὰ τῶν πόλεων πραξάντων γεγονότας· οὗτοι γὰρ διὰ τὴν ἐξουσίαν μέγιστα καὶ ἀνοσιώτατα ἁμαρτήματα
125 ἁμαρτάνουσι. μαρτυρεῖ δὲ τούτοις καὶ Ὅμηρος· βασιλέας γὰρ καὶ δυνάστας ἐκεῖνος πεποίηκε τοὺς ἐν "Αιδου τὸν ἀεὶ χρόνον τιμωρουμένους, Τάνταλον καὶ Σίσυφον καὶ Τιτυόν· Θερσίτην δέ, καὶ εἴ τις ἄλλος πονηρὸς ἦν ἰδιώτης, οὐδεὶς
130 πεποίηκε μεγάλαις τιμωρίαις συνεχόμενον ὡς ἀνίατον· οὐ γάρ, οἶμαι, ἐξῆν αὐτῷ· διὸ καὶ εὐδαιμονέστερος ἦν ἢ οἷς ἐξῆν. ἀλλὰ γάρ, ὦ Καλλίκλεις, ἐκ τῶν δυναμένων εἰσὶ καὶ οἱ σφόδρα πονηροὶ γιγνόμενοι ἄνθρωποι· οὐδὲν μὴν κωλύει
135 καὶ ἐν τούτοις ἀγαθοὺς ἄνδρας ἐγγίγνεσθαι, καὶ σφόδρα γε ἄξιον ἄγασθαι τῶν γιγνομένων· χαλεπὸν γάρ, ὦ Καλλίκλεις, καὶ πολλοῦ ἐπαίνου ἄξιον ἐν μεγάλῃ ἐξουσίᾳ τοῦ ἀδικεῖν γενόμενον δικαίως

διαβιῶναι. ὀλίγοι δὲ γίγνονται οἱ τοιοῦτοι· ἐπεὶ
καὶ ἐνθάδε καὶ ἄλλοθι γεγόνασιν, οἶμαι δὲ καὶ 140
ἔσονται καλοὶ κἀγαθοὶ ταύτην τὴν ἀρετὴν τὴν
τοῦ δικαίως διαχειρίζειν ἃ ἄν τις ἐπιτρέπῃ· εἷς
δὲ καὶ πάνυ ἐλλόγιμος γέγονε καὶ εἰς τοὺς ἄλλους
Ἕλληνας, Ἀριστείδης ὁ Λυσιμάχου· οἱ δὲ πολλοί,
ὦ ἄριστε, κακοὶ γίγνονται τῶν δυναστῶν. 145

Ὅπερ οὖν ἔλεγον, ἐπειδὰν ὁ Ῥαδάμανθυς
ἐκεῖνος τοιοῦτόν τινα λάβῃ, ἄλλο μὲν περὶ αὐτοῦ
οὐκ οἶδεν οὐδέν, οὔθ᾽ ὅστις οὔθ᾽ ὧντινων, ὅτι δὲ
πονηρός τις· καὶ τοῦτο κατιδὼν ἀπέπεμψεν εἰς
Τάρταρον, ἐπισημηνάμενος, ἐάν τε ἰάσιμος ἐάν τε 150
ἀνίατος δοκῇ εἶναι· ὁ δὲ ἐκεῖσε ἀφικόμενος τὰ
προσήκοντα πάσχει. ἐνίοτε δ᾽ ἄλλην εἰσιδὼν
ὁσίως βεβιωκυῖαν καὶ μετ᾽ ἀληθείας, ἀνδρὸς
ἰδιώτου ἢ ἄλλου τινός, μάλιστα μέν, ἔγωγέ φημι,
ὦ Καλλίκλεις, φιλοσόφου τὰ αὑτοῦ πράξαντος 155
καὶ οὐ πολυπραγμονήσαντος ἐν τῷ βίῳ, ἠγάσθη
τε καὶ ἐς μακάρων νήσους ἀπέπεμψε, ταὐτὰ
ταῦτα καὶ ὁ Αἰακός· ἑκάτερος δὲ τούτων ῥάβδον
ἔχων δικάζει· ὁ δὲ Μίνως ἐπισκοπῶν κάθηται,
μόνος ἔχων χρυσοῦν σκῆπτρον, ὥς φησιν Ὀδυσ- 160
σεὺς ὁ Ὁμήρου ἰδεῖν αὐτὸν

χρύσεον σκῆπτρον ἔχοντα, θεμιστεύοντα νέκυσσιν.

ἐγὼ μὲν οὖν, ὦ Καλλίκλεις, ὑπὸ τούτων τῶν
λόγων πέπεισμαι, καὶ σκοπῶ ὅπως ἀποφανοῦμαι
165 τῷ κριτῇ ὡς ὑγιεστάτην τὴν ψυχήν· χαίρειν οὖν
ἐάσας τὰς τιμὰς τὰς τῶν πολλῶν ἀνθρώπων, τὴν
ἀλήθειαν σκοπῶν πειράσομαι τῷ ὄντι ὡς ἂν
δύνωμαι βέλτιστος ὢν καὶ ζῆν καὶ ἐπειδὰν ἀπο-
θνῄσκω ἀποθνῄσκειν. παρακαλῶ δὲ καὶ τοὺς
170 ἄλλους πάντας ἀνθρώπους, καθ᾽ ὅσον δύναμαι,
καὶ δὴ καὶ σὲ ἀντιπαρακαλῶ ἐπὶ τοῦτον τὸν βίον
καὶ τὸν ἀγῶνα τοῦτον, ὃν ἐγώ φημι ἀντὶ πάντων
τῶν ἐνθάδε ἀγώνων εἶναι, καὶ ὀνειδίζω σοι, ὅτι
οὐχ οἷός τ᾽ ἔσει σαυτῷ βοηθῆσαι, ὅταν ἡ δίκη σοι
175 ᾖ καὶ ἡ κρίσις ἣν νῦν δὴ ἐγὼ ἔλεγον, ἀλλὰ ἐλθὼν
παρὰ τὸν δικαστὴν τὸν τῆς Αἰγίνης υἱόν, ἐπειδάν
σου ἐπιλαβόμενος ἄγῃ, χασμήσει καὶ ἰλιγγιάσεις
οὐδὲν ἧττον ἢ ἐγὼ ἐνθάδε σὺ ἐκεῖ, καί σε ἴσως
τυπτήσει τις καὶ ἐπὶ κόρρης ἀτίμως καὶ πάντως
180 προπηλακιεῖ.

Τάχα δ᾽ οὖν ταῦτα μῦθός σοι δοκεῖ λέγεσθαι
ὥσπερ γραὸς καὶ καταφρονεῖς αὐτῶν, καὶ οὐδέν
γ᾽ ἂν ἦν θαυμαστὸν καταφρονεῖν τούτων, εἴ πῃ
ζητοῦντες εἴχομεν αὐτῶν βελτίω καὶ ἀληθέστερα
185 εὑρεῖν· νῦν δὲ ὁρᾷς, ὅτι τρεῖς ὄντες ὑμεῖς, οἵπερ
σοφώτατοί ἐστε τῶν νῦν Ἑλλήνων, σύ τε καὶ

Πῶλος καὶ Γοργίας, οὐκ ἔχετε ἀποδεῖξαι, ὡς δεῖ ἄλλον τινὰ βίον ζῆν ἢ τοῦτον, ὅσπερ καὶ ἐκεῖσε φαίνεται συμφέρων. ἀλλ' ἐν τοσούτοις λόγοις τῶν ἄλλων ἐλεγχομένων μόνος οὗτος ἠρεμεῖ ὁ λόγος, ὡς εὐλαβητέον ἐστὶ τὸ ἀδικεῖν μᾶλλον ἢ τὸ ἀδικεῖσθαι, καὶ παντὸς μᾶλλον ἀνδρὶ μελετητέον οὐ τὸ δοκεῖν εἶναι ἀγαθὸν ἀλλὰ τὸ εἶναι, καὶ ἰδίᾳ καὶ δημοσίᾳ· ἐὰν δέ τις κατά τι κακὸς γίγνηται, κολαστέος ἐστί, καὶ τοῦτο δεύτερον ἀγαθὸν μετὰ τὸ εἶναι δίκαιον, τὸ γίγνεσθαι καὶ κολαζόμενον διδόναι δίκην· καὶ πᾶσαν κολακείαν καὶ τὴν περὶ ἑαυτὸν καὶ τὴν περὶ τοὺς ἄλλους, καὶ περὶ ὀλίγους καὶ περὶ πολλούς, φευκτέον· καὶ τῇ ῥητορικῇ οὕτω χρηστέον ἐπὶ τὸ δίκαιον ἀεί, καὶ τῇ ἄλλῃ πάσῃ πράξει. ἐμοὶ οὖν πειθόμενος ἀκολούθησον ἐνταῦθα, οἷ ἀφικόμενος εὐδαιμονήσεις καὶ ζῶν καὶ τελευτήσας, ὡς ὁ σὸς λόγος σημαίνει. καὶ ἔασόν τινά σου καταφρονῆσαι ὡς ἀνοήτου καὶ προπηλακίσαι, ἐὰν βούληται, καὶ ναὶ μὰ Δία σύ γε θαρρῶν πατάξαι τὴν ἄτιμον ταύτην πληγήν· οὐδὲν γὰρ δεινὸν πείσει, ἐὰν τῷ ὄντι ᾖς καλὸς κἀγαθός, ἀσκῶν ἀρετήν. κἄπειτα οὕτω κοινῇ ἀσκήσαντες, τότε ἤδη, ἐὰν δοκῇ χρῆναι, ἐπιθησόμεθα τοῖς πολιτικοῖς, ἢ ὁποῖον

ἄν τι ἡμῖν δοκῇ, τότε βουλευσόμεθα, βελτίους ὄντες βουλεύεσθαι ἢ νῦν. αἰσχρὸν γὰρ ἔχοντάς γε ὡς νῦν φαινόμεθα ἔχειν, ἔπειτα νεανιεύεσθαι
215 ὡς τὶ ὄντας, οἷς οὐδέποτε ταὐτὰ δοκεῖ περὶ τῶν αὐτῶν, καὶ ταῦτα περὶ τῶν μεγίστων· εἰς τοσοῦτον ἥκομεν ἀπαιδευσίας· ὥσπερ οὖν ἡγεμόνι τῷ λόγῳ χρησώμεθα τῷ νῦν παραφανέντι, ὃς ἡμῖν σημαίνει, ὅτι οὗτος ὁ τρόπος ἄριστος τοῦ βίου,
220 καὶ τὴν δικαιοσύνην καὶ τὴν ἄλλην ἀρετὴν ἀσκοῦντας καὶ ζῆν καὶ τεθνάναι. τούτῳ οὖν ἑπώμεθα, καὶ τοὺς ἄλλους παρακαλῶμεν, μὴ ἐκείνῳ, ᾧ σὺ πιστεύων ἐμὲ παρακαλεῖς· ἔστι γὰρ οὐδενὸς ἄξιος, ὦ Καλλίκλεις. PLATO, *Gorgias*, ch. 79 *to end*.

(133)

Demosthenes shews that the policy which he had advocated was the only policy which was possible without proving false to all the glorious traditions and past history of Athens. That Athens, the champion of Greece, whose whole existence had been devoted to the common cause, and whose statesmen had been ever inspired by the noblest ambitions, should truckle to Philip, was intolerable. Death was better than dishonour.

Ἐπειδὴ δὲ πολὺς τοῖς συμβεβηκόσιν ἔγκειται,

βούλομαί τι καὶ παράδοξον εἰπεῖν. καί μου πρὸς
Διὸς καὶ θεῶν μηδεὶς τὴν ὑπερβολὴν θαυμάσῃ,
ἀλλὰ μετ' εὐνοίας ὃ λέγω θεωρησάτω. εἰ γὰρ ἦν
ἅπασι πρόδηλα τὰ μέλλοντα γενήσεσθαι, καὶ
προῄδεσαν πάντες, καὶ σὺ προὔλεγες, Αἰσχίνη, καὶ
διεμαρτύρου βοῶν καὶ κεκραγώς, ὃς οὐδ' ἐφθέγξω,
οὐδ' οὕτως ἀποστατέον τῇ πόλει τούτων ἦν, εἴπερ δόξης ἢ προγόνων ἢ τοῦ μέλλοντος αἰῶνος
εἶχε λόγον. νῦν μέν γε ἀποτυχεῖν δοκεῖ τῶν
πραγμάτων, ὃ πᾶσι κοινόν ἐστιν ἀνθρώποις, ὅταν
τῷ θεῷ ταῦτα δοκῇ· τότε δ' ἀξιοῦσα προεστάναι
τῶν ἄλλων, εἶτ' ἀποστᾶσα τούτου, Φιλίππῳ προ-
δεδωκέναι πάντας ἂν ἔσχεν αἰτίαν. εἰ γὰρ ταῦτα
προεῖτο ἀκονιτὶ περὶ ὧν οὐδένα κίνδυνον ὄντιν'
οὐχ ὑπέμειναν οἱ πρόγονοι, τίς οὐχὶ κατέπτυσεν
ἂν σοῦ; μὴ γὰρ τῆς πόλεώς γε, μηδ' ἐμοῦ. τίσι
δ' ὀφθαλμοῖς πρὸς Διὸς ἑωρῶμεν ἂν τοὺς εἰς τὴν
πόλιν ἀνθρώπους ἀφικνουμένους, εἰ τὰ μὲν πράγ-
ματ' εἰς ὅπερ νυνὶ περιέστη, ἡγεμὼν δὲ καὶ κύριος
ᾑρέθη Φίλιππος ἁπάντων, τὸν δ' ὑπὲρ τοῦ μὴ
γενέσθαι ταῦτ' ἀγῶνα ἕτεροι χωρὶς ἡμῶν ἦσαν
πεποιημένοι, καὶ ταῦτα μηδεπώποτε τῆς πόλεως
ἐν τοῖς ἔμπροσθε χρόνοις ἀσφάλειαν ἄδοξον
μᾶλλον ἢ τὸν ὑπὲρ τῶν καλῶν κίνδυνον ᾑρημένης.

τίς γὰρ οὐκ οἶδεν Ἑλλήνων, τίς δὲ βαρβάρων,
ὅτι καὶ παρὰ Θηβαίων καὶ παρὰ τῶν ἔτι τούτων
πρότερον ἰσχυρῶν γενομένων Λακεδαιμονίων καὶ
παρὰ τοῦ Περσῶν βασιλέως μετὰ πολλῆς χάριτος
30 τοῦτ' ἂν ἀσμένως ἐδόθη τῇ πόλει, ὅ τι βούλεται
λαβούσῃ καὶ τὰ ἑαυτῆς ἐχούσῃ τὸ κελευόμενον
ποιεῖν καὶ ἐᾶν ἕτερον τῶν Ἑλλήνων προεστάναι.
ἀλλ' οὐκ ἦν ταῦθ', ὡς ἔοικε, τοῖς τότ' Ἀθηναίοις
πάτρια οὐδ' ἀνεκτὰ οὐδ' ἔμφυτα, οὐδ' ἐδυνήθη
35 πώποτε τὴν πόλιν οὐδεὶς ἐκ παντὸς τοῦ χρόνου
πεῖσαι τοῖς ἰσχύουσι μέν, μὴ δίκαια δὲ πράττουσι
προσθεμένην ἀσφαλῶς δουλεύειν, ἀλλ' ἀγωνιζο-
μένη περὶ πρωτείων καὶ τιμῆς καὶ δόξης κινδυ-
νεύουσα πάντα τὸν αἰῶνα διατετέλεκε. καὶ
40 ταῦθ' οὕτω σεμνὰ καὶ προσήκοντα τοῖς ὑμετέροις
ἤθεσιν ὑμεῖς ὑπολαμβάνετ' εἶναι ὥστε καὶ τῶν
προγόνων τοὺς ταῦτα πράξαντας μάλιστ' ἐπαι-
νεῖτε, εἰκότως. τίς γὰρ οὐκ ἂν ἀγάσαιτο τῶν
ἀνδρῶν ἐκείνων τῆς ἀρετῆς, οἳ καὶ τὴν χώραν καὶ
45 τὴν πόλιν ἐκλιπεῖν ὑπέμειναν εἰς τὰς τριήρεις
ἐμβάντες ὑπὲρ τοῦ μὴ τὸ κελευόμενον ποιῆσαι,
τὸν μὲν ταῦτα συμβουλεύσαντα Θεμιστοκλέα
στρατηγὸν ἑλόμενοι, τὸν δ' ὑπακούειν ἀποφηνά-
μενον τοῖς ἐπιταττομένοις Κυρσίλον καταλιθώ-

σαντες, οὐ μόνον αὐτόν, ἀλλὰ καὶ αἱ γυναῖκες αἱ 50
ὑμέτεραι τὴν γυναῖκ' αὐτοῦ. οὐ γὰρ ἐζήτουν οἱ
τότ' Ἀθηναῖοι οὔτε ῥήτορα οὔτε στρατηγὸν δι' ὅτου
δουλεύσουσιν εὐτυχῶς, ἀλλ' οὐδὲ ζῆν ἠξίουν, εἰ
μὴ μετ' ἐλευθερίας ἐξέσται τοῦτο ποιεῖν. ἡγεῖτο
γὰρ αὐτῶν ἕκαστος οὐχὶ τῷ πατρὶ καὶ τῇ μητρὶ 55
μόνον γεγενῆσθαι, ἀλλὰ καὶ τῇ πατρίδι. διαφέρει
δὲ τί; ὅτι ὁ μὲν τοῖς γονεῦσι μόνον γεγενῆσθαι
νομίζων τὸν τῆς εἱμαρμένης καὶ τὸν αὐτόματον
θάνατον περιμένει, ὁ δὲ καὶ τῇ πατρίδι ὑπὲρ τοῦ
μὴ ταύτην ἐπιδεῖν δουλεύουσαν ἀποθνήσκειν ἐθελ- 60
ήσει, καὶ φοβερωτέρας ἡγήσεται τὰς ὕβρεις καὶ
τὰς ἀτιμίας, ἃς ἐν δουλευούσῃ τῇ πόλει φέρειν
ἀνάγκη, τοῦ θανάτου.

Dem. *De Cor.* 199, 205.

A Primer of Greek Grammar. With a Preface by JOHN PERCIVAL, M.A., LL.D., Head Master of Rugby School. New and Revised Edition. 3s. 6d. net.

Or separately,

Accidence. By EVELYN ABBOTT, M.A., LL.D., Fellow and Tutor of Balliol College, Oxford, and E. D. MANSFIELD, M.A., Lambrook, Bracknell, late Assistant Master of Clifton College. 2s. 6d. net.

Syntax. By E. D. MANSFIELD, M.A. 1s. 6d. net.

Greek Sentence Construction. By ARTHUR SIDGWICK, M.A., Fellow and Tutor of Corpus Christi College, Oxford. 1s. 6d. net.

The Siege of Plataea. From Thucydides, Books II. III. Edited by J. M. SING, M.A., Assistant Master at St. Edward's School, Oxford. 1s. 6d.

The Protagoras of Plato. Edited, with Notes, etc., for the use of Schools and Colleges, by B. D. TURNER, M.A., formerly Assistant Master at Marlborough College. 6s.

Greek Syntax and Note-Book. For use in Upper Forms of Schools. By THEO. B. ROWE, M.A., late Head Master of Tonbridge School, and formerly Fellow of St. John's College, Cambridge. Interleaved with Note-paper. 7s. 6d.

LONDON: RIVINGTON, PERCIVAL AND CO.

Etyma Graeca. An Etymological Lexicon of Classical Greek. By EDWARD ROSS WHARTON, M.A., Fellow and Lecturer of Jesus College, Oxford. 7s. 6d.

A Guide to Greek Tragedy. For English Readers. By the Rev. L. CAMPBELL, LL.D., Emeritus Professor of Greek in the University of St. Andrews. 6s.

The Iliad of Homer. Translated into English Prose by JOHN PURVES, M.A., late Fellow of Balliol College, Oxford. With an Introduction by EVELYN ABBOTT, M.A., LL.D., Fellow and Tutor of Balliol College, Oxford. 18s. net.

A Short History of Greek Philosophy. For Students and General Readers. By JOHN MARSHALL, M.A. Oxon., LL.D. Edin., Rector of the Royal High School, Edinburgh, formerly Professor of Classical Literature and Philosophy in the Yorkshire College, Leeds. 6s.

Crown 8vo. 5s.

The Olympian and Pythian Odes of Pindar. Translated into English Verse. By F. D. MORICE, M.A., Assistant Master at Rugby School, and Fellow of Queen's College, Oxford.

LONDON : RIVINGTON, PERCIVAL AND CO,

www.ingramcontent.com/pod-product-compliance
Lightning Source LLC
Chambersburg PA
CBHW032122230426
43672CB00009B/1824